프랑스어 알파벳

대문자	소문자	명칭		발음
A	a	a	아	[a], [α]
B	b	be	베	[b]
C	c	se	쎄	[s], [k]
D	d	de	데	[d]
E	e	ə	으	[ə], [ɛ], [e]
F	f	ɛf	에프	[f]
G	g	ʒe	제	[g], [ʒ]
H	h	aʃ	아쉬	-
I	i	i	이	[i]
J	j	ʒi	지	[ʒ]
K	k	ka	까	[k]
L	l	ɛl	엘	[l]
M	m	ɛm	엠	[m]

대문자	소문자	명칭		발음
N	n	ɛn	엔	[n]
O	o	o	오	[o], [ɔ]
P	p	pe	뻬	[p]
Q	q	ky	뀌	[k]
R	r	ɛːr	에－흐	[ʀ], [ʁ]
S	s	ɛs	에스	[s], [z]
T	t	te	떼	[t]
U	u	y	위	[y], [ɥ]
V	v	ve	베	[v]
W	w	dubləve	두블르베	[v], [w]
X	x	iks	익스	[s], [z]
Y	y	igrɛk	이그헥	[i]
Z	z	zɛd	제드	[z]

한 번만 봬도 기억에 남는

테마별 회화
프랑스단어
2300

한 번만 봐도 기억에 남는

테마별 프랑스단어 2300

회화

김이슬 엮음 / 이상빈 감수

Vitamin Book
비타민북

프랑스어는 모국인 프랑스는 물론 벨기에·스위스·룩셈부르크·모나코를 필두로, 아프리카의 마그렙 지역(알제리·모로코·튀니지), 아시아의 인도차이나 반도와 중동의 레바논·북미의 캐나다 퀘벡 그리고 남태평양의 폴리네시아 제도·중남미의 카리브해 인근에서 사용되는 세계적인 언어입니다. 그 사용자 수는 전 세계 인구의 9%인 약 3억 명으로 추정되고 있습니다.

프랑스어의 국제적 위상은 유엔의 공식어로서뿐만이 아닙니다. 파리에서만 1100여 번의 회의가 개최되었을 정도로 프랑스어는 각종 국제회의에서 외교어로서의 기능을 수행해 왔습니다. G7 국가 중 2개국(프랑스·캐나다)의 모국어이자, 국제적십자·국제우편·올림픽의 공식어로서 그 외교적 위상은 아직까지도 유효합니다.

프랑스어는 다른 언어에 비해 발음하기가 어렵고, 시제도 18개나 있어 배우기가 까다롭고 어렵다고 알려져 있습니다. 하지만 프랑스어의 발음규칙은 영어에 비해 변칙이 거의 없고, 문법도 세부적이어서 명확한 표현이 가능합니다.

프랑스어는 현재 우리나라에서 외래어(바캉스, 아틀리에, 란제리, 발레, 뷔페…)로, 브랜드 네임(라끄베르, 미장센, 에뛰드…)으로도 많이 사용되고 있는 추세입니다.

이 책에서는 실생활에서 유용하게 쓰일 수 있는 프랑스어를 테마별로 나누어 프랑스어를 처음 접하더라도 보고 말할 수 있도록 최대한 소리 나는 대로 한글 발음을 표기했고, 참고삼아 발음기호까지 추가하였습니다. 프랑스어는 전 세계적으로 억양과 발음이 각양각색이기 때문에, 이 책에서는 프랑스 본토를 기준으로 단어 선별과 발음 표기를 하였습니다.

프랑스는 세계에서 가장 많은 관광객들이 찾는 나라 중 하나입니다. 샹젤리제를 산책하고 카페에서 에스프레소 한 잔을 음미하며 거리의 낭만을 느껴보고 싶지 않으신가요?

Si j'étais vous, je n'hésiterais pas!

(제가 여러분이라면, 망설이지 않을 겁니다!)

그러기 위해서는 Savoir, c'est pouvoir(아는 것이 힘입니다).

모두들 프랑스어를 시작할 준비가 되셨나요?

이 책이 여러분에게 좋은 길잡이가 되었으면 좋겠습니다.

2011년 6월 김이슬

이 책의 특징

이 책은 본문을 9개 테마(Theme)로 나누고, 테마별로 작은 Unit을 두어 다양한 주제별 어휘(전체 어휘 약 2,300개)를 실었다.

★ 그림 단어

재미있게 단어를 외울 수 있도록 그림을 함께 실었고, 프랑스어에 더욱 쉽게 접근할 수 있도록 발음을 한글로 표기하였다. 또한 각 단어 아래에는 실생활 회화에서 흔히 사용되는 짧은 문장을 실어, 그 단어가 생생하게 연상 기억될 수 있도록 하였다.

★ 관련 단어

그림 단어와 관련된 테마의 단어를 보충하여, 프랑스어의 어휘를 한층 더 넓힐 수 있게 하였다.

★ 회화와 짧은 문장

테마별 상황에 관련된 짧은 회화나 단어를 이용한 문장을 실어, 프랑스어로 읽고 익힐 수 있게 하였다.

★ 연습문제

Theme가 끝날 때마다 연습문제를 두어, 단어를 익힌 후에는 스스로 테스트해 볼 수 있도록 하였다.

★ 한글과 프랑스어 색인(Index)

본문에 나온 어휘를 가나다 순의 한글 색인과 알파벳 순의 프랑스어 색인으로 만들어, 한글과 프랑스어 어느 쪽으로든 찾아보기 쉽게 배려하였다.

★ 표기법

명사 성 표기에 있어서 남성은 m, 여성은 f, 남성과 여성 두 성이 동시에 쓰이는 것은 n, 항상 남성 복수인 경우는 mpl, 항상 여성 복수인 경우는 fpl 로 표기하였다.

CONTENU

Theme

4

Theme

5

THEMATIC FRENCH WORDS

Theme ①

→ **humain** 위맹 인간

1 인간
2 가정
3 수
4 도시
5 교통
6 업무
7 쇼핑
8 스포츠·취미
9 자연

corps 꼬흐 신체

Tête 떼뜨 머리 부분

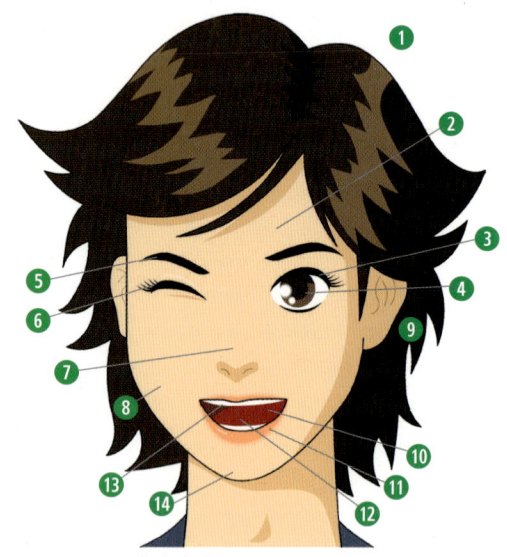

❶ **cheveux** [ʃ(ə)vø] 슈뵈 mpl 머리카락

❷ **front** [fʀɔ̃] 프홍 m 이마

❸ **œil** [œj] 외이 m 눈(단수) / **yeux** [jø] 이외 mpl 눈(복수)

❹ **prunelle** [pʀynɛl] 프휘넬 f 눈동자

❺ **sourcil** [suʀsi] 수흐씨 m 눈썹

❻ **cil** [sil] 씰 m 속눈썹

❼ **nez** [ne] 네 m 코

❽ **joue** [ʒu] 주 f 볼, 뺨

❾ **oreille** [ɔʀɛj] 오헤이으 f 귀

❿ **bouche** [buʃ] 부슈 f 입

⓫ **lèvre** [lɛ:vʀ] 레브흐 f 입술

⓬ **langue** [lɑ̃:g] 랑그 f 혀

⓭ **dent** [dɑ̃] 당 f 이, 치아

⓮ **menton** [mɑ̃tɔ̃] 망똥 f 턱

관련 단어

□ **fossette** [fosɛt] 포세트 f 보조개

□ **grain de beauté** [gʀɛ̃ də bote] 그행 드 보떼 m 점

□ **ride** [ʀid] 히드 f 주름

□ **bouton** [butɔ̃] 부똥 m 여드름

□ **moustache** [mustaʃ] 무스따슈 f 수염

□ **crâne** [kʀɑ:n] 크한 m 두개골

Dialogue

A: **Comment est-elle?**
꼬망 에―뗄?
그녀는 어때요?

B: **Elle a un beau visage.**
엘 라 엥 보 비자쥬.
그녀는 예쁜 얼굴을 가졌어요.

Corps vu de face 꼬흐 뷔드 파스 앞모습

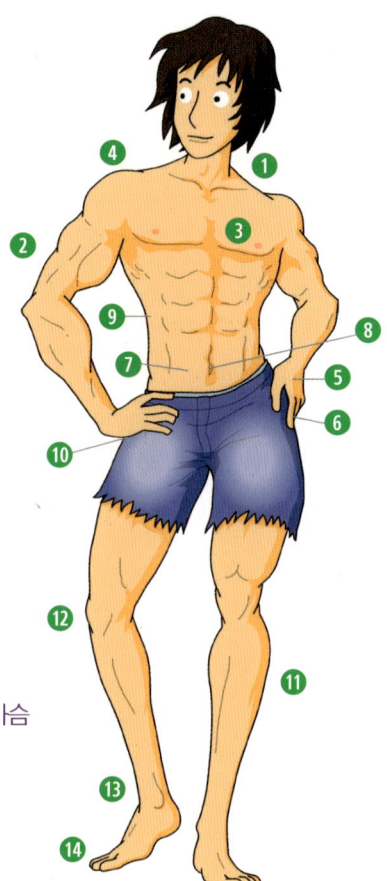

❶ **cou** [ku] 꾸 m 목

❷ **bras** [bʀa] 브하 m 팔

❸ **poitrine** [pwatʀin] 뿌와트힌 f 가슴

❹ **épaule** [epo:l] 에뽈르 f 어깨

❺ **main** [mɛ̃] 맹 f 손

❻ **doigt** [dwa] 드와 m 손가락

❼ **ventre** [vɑ̃:tʀ] 방트흐 m 배

❽ **nombril** [nɔ̃bʀi(l)] 농브히 m 배꼽

14

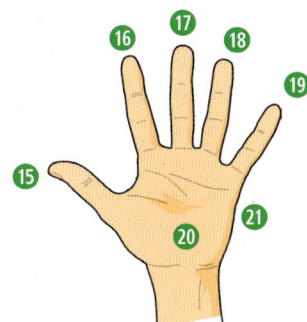

❾ **côte** [ko:t] 꼬뜨 **f** 갈비뼈

❿ **pelvis** [pɛlvis] 뻴비스 **m** 골반

⓫ **jambe** [ʒɑ̃:b] 쟝브 **f** 다리

⓬ **genou** [ʒ(ə)nu] 쥬누 **m** 무릎

⓭ **cheville** [ʃ(ə)vij] 슈비이으 **f** 발목

⓮ **pied** [pje] 삐에 **m** 발

⓯ **pouce** [pus] 뿌스 **m** 엄지

⓰ **index** [ɛ̃dɛks] 엥덱스 **m** 인지, 집게손가락

⓱ **médius** [medjys] 메디우스 **m** 중지, 가운뎃손가락

⓲ **annulaire** [a(n)nylɛ:ʀ] 아뉠레흐 **m** 약지, 넷째 손가락

⓳ **auriculaire** [ɔ[o]ʀikylɛ:ʀ] 오히뀔레흐 **m** 소지, 새끼손가락

⓴ **paume** [po:m] 뽐므 **f** 손바닥

㉑ **dos de la main** [do də la mɛ̃] 도 들라 맹 **m** 손등

Dialogue

A: Tu as de jolies jambes!
뛰 아 드 졸리 쟝브!
너 다리가 참 예쁘다!

B: Oui, on me le dit souvent.
위, 옹 므 르 디 수방.
맞아, 그런 얘기 자주 들어.

1 인간
2 가정
3 수
4 도시
5 교통
6 업무
7 쇼핑
8 스포츠·취미
9 자연

관련 단어

- poing [pwɛ̃] 뿌엥 m 주먹
- poignet [pwaɲɛ] 뿌와녜 m 손목
- ongle [ɔ̃:gl] 옹글르 m 손톱
- chiromancie [kiʀɔmɑ̃sĩ] 키호망씨 f 손금
- faire de la chiromancie [fɛːʀ də la kiʀɔmɑ̃sĩ]
  페흐 들 라 끼호망씨 손금을 보다
- gros orteil [gʀo ɔʀtɛj] 그호 오흐떼이으 m 엄지발가락
- ongle des pieds [ɔ̃:gl de pje] 옹글르 데 삐에 m 발톱

Dialogue

A: Je te lis les lignes de la main?
즈 뜨 리 레 리뉴 드 라맹?
내가 손금 봐줄까?

B: Tu es sûr? Tu le peux?
뛰 에 쉬흐? 뛰 르 쁘?
정말이야? 할 수 있어?

A: Tu devrais te couper les ongles des mains.
뛰 드브헤 뜨 꾸뻬 레 종글르 데 맹.
너 손톱 잘라야겠다.

B: Bof, j'en ai marre de tout.
보프, 쟈네 마흐 드 뚜.
에휴, 만사가 귀찮아.

Corps vu de dos 꼬흐 뷔 드 도 뒷모습

1 인간

2 가정

3 수

4 도시

5 교통

6 업무

7 쇼핑

8 스포츠·취미

9 자연

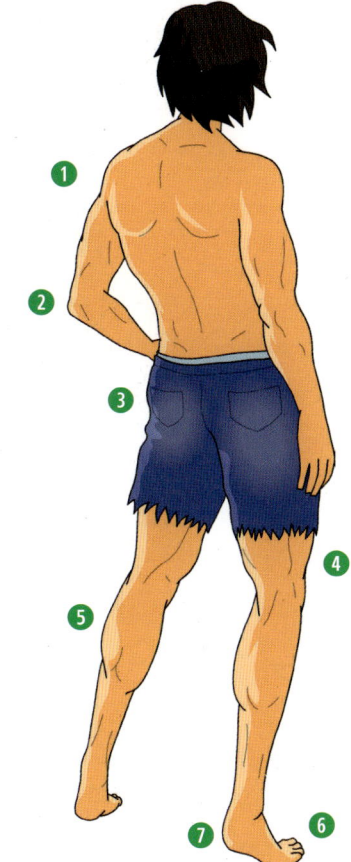

❶ dos [do] 도 m 등

❷ coude [kud] 꾸드 m 팔꿈치

❸ fesses [fɛs] 페스 fpl 엉덩이

❹ cuisse [kɥis] 퀴이스 f 허벅지

❺ mollet [mɔlɛ] 몰레 m 장딴지

❻ orteil [ɔRtɛj] 오흐떼이으 m 발가락

❼ talon [talɔ̃] 딸롱 m 뒤꿈치

17

Organes 오흐간 기관

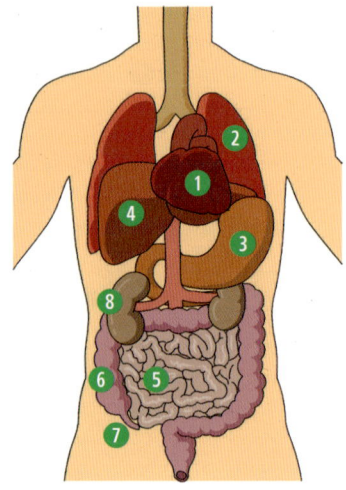

❶ cœur [kœːʀ] 꿰흐 m 심장

❷ poumon [pumɔ̃] 뿌몽 m 폐

❸ estomac [ɛstɔma] 에스또마 m 위

❹ foie [fwa] 푸와 m 간

❺ intestin grêle [ɛ̃tɛstɛ̃ gʀɛl] 엥떼스땡 그헬르 m 소장

❻ gros intestin [gʀo ɛ̃tɛstɛ̃] 그호 젱떼스땡 m 대장

　 intestin [ɛ̃tɛstɛ̃] 엥떼스땡 m 장

❼ appendice [a(p)pɛ̃dis] 아뺑디스 m 맹장

❽ rein [ʀɛ̃] 헹 m 신장, 콩팥

관련 단어

- colonne vertébrale [kɔlɔn vɛʀtebʀal] 꼴론 베흐떼브할르 **f** 척추
- nerf [nɛːʀ] 네흐 **m** 신경
- cellule [selyl] 쎌륄르 **f** 세포
- veine [vɛn] 벤느 **f** 혈관
- sang [sɑ̄] 쌍 **f** 혈액, 피
- os [ɔs] 오스 **f** 뼈
- articulation [aʀtikylɑsjɔ̃] 아흐띠뀔라시옹 **f** 관절
- muscle [myskl] 뮈스끌르 **f** 근육
- peau [po] 뽀 **f** 피부
- chair [ʃɛːʀ] 쉐흐 **f** 살
- vessie [vesi] 베씨 **f** 방광

famille 파미으 **가족**

☐ **grand-père** [gʀɑ̃pɛːʀ]
그항 뻬흐 m 할아버지

☐ **grand-mère** [gʀɑ̃mɛːʀ]
그항 메흐 f 할머니

Grand-père rentrera demain.
그항 뻬흐 항트흐하 드맹.
우리 할아버지는 내일 돌아오실 것이다.

☐ **père** [pɛːʀ] 뻬흐 m 아버지

☐ **mère** [mɛːʀ] 메흐 f 어머니

Ma mère est vraiment jolie.
마 메흐 에 브헤망 졸리.
우리 엄마는 정말 예쁘다.

☐ **oncle** [ɔ̃kl] 옹끌르
m 아저씨, 삼촌

☐ **tante** [tɑ̃t] 땅뜨
f 아주머니, 이모, 고모

Mon oncle m'a donné de
l'argent de poche.
모 농끌르 마 도네 들 라흐장 드 뽀슈.
우리 삼촌은 내게 용돈을 주셨다.

☐ **frère** [fʀɛːʀ] 프헤흐 m 형, 오빠

☐ **sœur** [sœːʀ] 쐬흐 f 누나, 언니

Ma sœur aime le chiot.
마 쐬흐 엠므 르 쉬오.
우리 누나는 강아지를 좋아한다.

□ **fils** [fis] 피스 m 아들
□ **fille** [fij] 피으 f 딸

Mon fils est encore trop petit.
몽 피스 에 앙꼬흐 트호 쁘띠.
우리 아들은 아직 너무 어리다.

□ **cousin** [kuzɛ̃] 꾸쟁 m 사촌(남)
□ **cousine** [kuzin] 꾸진느 f 사촌(여)

□ **neveu** [nəvø] 느뵈 f 조카(남)
□ **nièce** [njɛs] 니에스 f 조카(여)

관련 단어

□ **ancêtre** [ɑ̃sɛtʀ] 앙세트흐 n 조상
□ **grands-parents** [gʀɑ̃paʀɑ̃] 그항빠항 mpl 조부모
□ **parents** [paʀɑ̃] 빠항 m 부모
□ **mari** [maʀi] 마히 m 남편
□ **gendre** [ʒɑ̃:dʀ] 쟝드흐 m 사위
□ **belle-fille** [bɛlfij] 벨피으 f 며느리
□ **beau-père** [bopɛ:ʀ] 보뻬흐 m 시아버지, 장인
□ **belle-mère** [bɛlmɛ:ʀ] 벨메흐 f 시어머니, 장모
□ **beau-frère** [bofʀɛ:ʀ] 보프헤흐 m 시동생, 처남
□ **belle-sœur** [bɛlsœ:ʀ] 벨쐬흐 f 시누이, 올케
□ **parenté** [paʀɑ̃te] 빠항떼 f 친척
□ **voisin** [vwazɛ̃] 부와쟁 m 이웃(남자)
□ **voisine** [vwazin] 부와진 f 이웃(여자)

1 인간
2 가정
3 수
4 도시
5 교통
6 업무
7 쇼핑
8 스포츠·취미
9 지역

vie 비 **인생**

□ **naissance** [nɛsɑ̃ːs] 네쌍스
 f 출생

□ **bébé** [bebe] 베베 m 아기

□ **enfant** [ɑ̃fɑ̃] 앙팡 m 어린이, 꼬마
Ces enfants se sont amusés
avec les jouets.
쎄 장팡 스 쏭 따뮈제 아베끄 레 쥬에.
이 꼬마들은 장난감을 가지고 놀았다.

□ **garçon** [gaʀsɔ̃] 갸흐쏭
 m 소년

□ **fille** [fij] 피으 f 소녀

□ **jeune homme** [ʒœn ɔm]
쥐 놈므 m 청년

Ce jeune homme va à la
bibliothèque.
스 쥐 놈므 바 알 라 비블리오떼끄
이 청년은 도서관에 간다.

□ **vieillard** [vjejaːʀ] 비에이아흐 m 노인
On doit respecter les vieillards.
옹 두와 헤스뻭떼 레 비에이아흐.
우리는 노인을 공경해야 한다.

□ **adulte** [adylt]
아뒬뜨 m 성인

□ **testament** [tɛstamɑ̃] 떼스따망

ⓜ 유언

Grand-père est mort sans
testament.
그항뻬흐 에 모흐 쌍 떼스따망.
할아버지는 유언 없이 돌아가셨다.

□ **cérémonie funèbre**
[seʀemɔni fynɛbʀ]쎄헤모니 퓌네브흐

ⓕ 장례식

□ **tombe** [tɔ̃ːb] 똥브 ⓕ 무덤

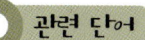
관련 단어

□ **vie** [vi] 비 ⓕ 인생, 생활

□ **enfance** [ɑ̃fɑ̃ːs] 앙팡스 ⓕ 어린 시절

□ **grandir** [gʀɑ̃diːʀ] 그항디흐 자라다, 성장하다

□ **fiançailles** [fjɑ̃sɑːj] 피앙싸이으 ⓕⓟⓛ 약혼

□ **mariage** [maʀjaːʒ] 마히아쥬 ⓜ 결혼

□ **divorce** [divɔʀs] 디보흐스 ⓜ 이혼

□ **marié** [maʀje] 마히에 ⓜ 신랑

□ **mariée** [maʀje] 마히에 ⓕ 신부

□ **veuf(ve)** [vœːv] 뵈프(브) 미망인

□ **mourir** [muʀiːʀ] 무히흐 죽다

□ **mort** [mɔːʀ] 모흐 ⓕ 죽음

□ **crémation** [kʀemɑsjɔ̃] 크헤마시옹 ⓕ 화장

1 인간
2 가정
3 수
4 도시
5 교통
6 업무
7 쇼핑
8 스포츠·취미
9 자연

 Unit 04

amour et mariage

아무흐 에 마히아쥬 **사랑과 결혼**

☐ **déclarer son amour** [deklaʀe sɔ̃ amuːʀ]
데끌라헤 송 나무흐 **사랑을 고백하다**

☐ **relations triangulaires**
[ʀəlɑ[a]sjɔ̃ tʀijɑ̃gylɛːʀ]
흘라씨옹 트히앙귈레흐
ⓕ **삼각관계**

☐ **amour unilatéral** [amuːʀ ynilateʀal]
아무흐 위니라떼할 ⓜ **짝사랑**

Mon amour unilatéral pour elle,
c'est fini.
모 나무흐 위니라떼할 뿌흐 엘, 세 피니.
그녀를 향한 내 짝사랑은 끝났다.

☐ **fréquenter** [fʀekɑ̃te]
프헤깡떼 **사귀다**

☐ **avoir le coup de foudre**
[avwaːʀ lə ku də fudʀ] 아부아흐 르 꾸 드 푸드흐

첫눈에 반하다

J'ai eu le coup de foudre.
제 위 르 꾸 드 푸드흐.
난 첫눈에 반했어.

24

□ **petit(e) ami(e)** [pətitami]
쁘띠(뜨) 따미 n 애인

Mon petit ami est vraiment généreux.
몽 쁘띠 따미 에 브헤망 제네회.
내 애인은 정말 자상하다.

□ **se marier** [sə maʀje]
스 마히에 결혼하다

□ **voyage de noces**
[vwaja:ʒ də nɔs] 부와이야쥬 드 노스
m 신혼 여행

□ **être enceinte** [ɛtʀ ɑ̃sɛ̃:t]
에트흐 앙쎙뜨 임신하다

Elle est enceinte de sept mois.
엘 레 앙쎙뜨 드 세뜨 무와.
그녀는 임신 7개월이다.

□ **disputer** [dispyte] 디스쀠페 f 말다툼하다

Je ne sais pas pourquoi ils se disputent tous les jours.
쥬 느 쎄 빠 뿌흐꾸아 일 스 디스쀠뜨 뚤 레 쥬흐.
그들은 왜 매일 말다툼을 하는지 모르겠어.

□ **ami(e)** [ami] 아미 n 친구

1 인간
2 가정
3 수
4 도시
5 교예
6 업무
7 쇼핑
8 스포츠·취미
9 지역

관련 단어

- □ **même sexe** [mɛmg sɛks] 멤 섹스 m 동성
- □ **l'autre sexe** [loːtʀ sɛks] 로트흐 섹스 m 이성
- □ **premier amour** [pʀəmje amuːʀ] 프르미에 아무흐 m 첫사랑
- □ **charme** [ʃaʀm] 샤흠므 f 매력
- □ **faire une demande en mariage** [fɛːʀ yn dəmãːd ã maʀjaːʒ] 페흐 윈느 드망드 앙 마히아쥬 **프러포즈하다, 구혼하다**
- □ **carte d'invitation** [kaʀt dɛ̃vitasjɔ̃] 꺄흐뜨 뎅비따시옹 f 청첩장
- □ **alliance** [aljãːs] 알리앙스 f 결혼반지
- □ **nouveaux mariés** [nuvo maʀje] 누보 마히에 mpl 신혼 부부
- □ **époux(se)** [epu, epuːz] 에뿌(즈) n 배우자
- □ **élever** [ɛ[e]lve] 엘르베 양육, 아이를 키우다
- □ **se rencontrer** [s(ə) ʀɑ̃kɔ̃tʀe] 스 항꽁트헤 알게 되다
- □ **se séparer** [s(ə) sepaʀe] 스 쎄빠헤 헤어지다
- □ **se réconcilier** [s(ə) ʀekɔ̃silje] 스 헤꽁씰리에 화해하다
- □ **avoir une double relation amoureuse** [avwaːʀ yn dubl ʀəlɑ[a]sjɔ̃ amuʀøːz] 아부아흐 윈느 두블르 흘라씨옹 아무회즈 양다리 걸치다

26

Dialogue

A: **Mon amie, elle va se marier cette semaine.**
모 나미, 엘 바 스 마히에 쎄뜨 스멘느.
내 친구 이번 주말에 결혼한다.

B: **Avec qui?**
아베끄 끼?
어떤 사람이랑 하는데?

A: **C'est l'homme qu'elle a sorti pendant cinq ans.**
쎌 롬므 껠 라 소흐띠 빵당 쌩깡.
5년 동안 사귄 남자래.

B: **Ah, je l'envie vraiment.**
아, 쥬 랑비 브해망.
아, 정말 부럽다.

2 가정

3 수

4 도시

5 교통

6 업무

7 쇼핑

8 스포츠·취미

9 자연

vie quotidienne 비 꼬띠디엔 **일상생활**

☐ **se réveiller** [s(ə) ʀeve[e]je]
스 헤베이에 **잠에서 깨다**

☐ **se brosser les dents**
[s(ə) bʀɔse le dɑ̃] 스 브로세 레 당

이를 닦다

☐ **se lever** [s(ə) ləve] 스 르베
일어나다

J'ai l'intention de me lever à
six heures demain matin.
줴 랭땅시옹 드 므 르베 아 시 줴흐 드맹 마땡.
내일 아침에는 여섯 시에 일어날 생각이다.

☐ **se laver le visage** [s(ə) lave lə viza:ʒ]
스 라베 르 비자쥬 **세수하다**

☐ **se raser** [s(ə) ʀɑze] 스 하제
면도하다

Je me suis coupé le menton
en me rasant.
쥬 므 쉬 꾸뻬 르 망똥 앙 므 하장.
면도하다가 턱을 베었다.

☐ **mettre ses vêtements**
[metʀ se vetmɑ̃] 메트흐 쎄 베뜨망

옷을 입다

Quel vêtement je dois mettre,
aujourd'hui?
껠 베뜨망 쥬 두아 메트흐 오쥬흐디?
오늘은 무슨 옷을 입지?

☐ **se peigner les
cheveux**
[s(ə) pe[e]ɲe le ʃ(ə)vø]
스 뻬녜 레 슈뵈 **머리를 빗다**

□ **aller à son bureau**

[ale a sɔ̃ byʀo] 알레 아 쏭 뷔호 **출근하다**

En général, mon père va à son bureau en autobus.
앙 제네할, 몽 페흐 바 아 쏭 뷔호 아 노또뷔스
아버지는 보통 버스로 출근하신다.

□ **déjeuner** [deʒœne] 데쥐네
점심 먹다

Je déjeune à onze heures et demie.
쥬 데쥔느 아 옹 줴흐 에 드미.
나는 열한 시 반에 점심을 먹는다.

□ **prendre une douche**

[pʀɑ̃:dʀ yn duʃ] 프항드흐 윈느 두슈

샤워하다

□ **regarder la télévision**

[ʀəɡaʀde la televizjɔ̃] 흐갸흐데 라 뗄레비지옹

텔레비전을 보다

Je mangeais des chips en regardant la télévision.
쥬 망졔 데 쉽스 앙 흐갸흐당 라 뗄레비지옹.
텔레비전을 보면서 감자 칩을 먹고 있었다.

□ **écouter de la musique**

[ekute də la myzik] 에꾸떼 들 라 뮈지끄

음악을 듣다

Beaucoup de jeunes écoutent de la musique dans le métro.
보꾸 드 쥇 에꾸뜨 드 라 뮈지끄 당르 메트호.
많은 젊은이들은 전철에서 음악을 듣는다.

□ **aller au lit** [ale o il]
알레 오 리 **잠자리에 들다**

1 인간

2 가정

3 수

4 도시

5 교통

6 업무

7 쇼핑

8 스포츠·취미

9 지역

29

관련 단어

□ **son** [sɔ̃] 쏭 m 소리

□ **voix** [vwa[ɑ]] 부와 f 목소리

□ **écouter** [ekute] 에꾸떼 듣다

□ **se faire entendre** [s(ə) fɛːʀ ɑ̃tɑ̃:dʀ] 스 페흐 앙땅드흐 들리다

□ **voir** [vwaːʀ] 브와흐 보다

□ **se voir** [s(ə) vwaːʀ] 스 브와흐 보이다

□ **prendre** [pʀɑ̃:dʀ] 프항드흐 잡다

□ **toucher** [tuʃe] 뚜쉐 닿다, 만지다

□ **goûter** [gute] 구떼 맛보다

□ **faire la lessive** [fɛːʀ la lesiːv] 페흐 라 레씨브 빨래하다

□ **repasser** [ʀəpɑse] 흐빠쎄 다림질하다

□ **prendre un bain** [pʀɑ̃:dʀ œ̃ bɛ̃] 프항드흐 엥 뱅 목욕하다

□ **changer d'habits** [ʃɑ̃ʒe dabi] 샹제 다비 갈아입다

□ **ranger** [ʀɑ̃ʒe] 항제 정리하다

□ **veiller très tard pour travailler** [ve[e]je tʀɛ taːʀ pu(ː)ʀ tʀavaje]
베이에 트헤 따흐 뿌흐 트하바이에 밤늦게 일하다

□ **travailler jusque très tard dans la nuit**
[tʀavaje ʒysk tʀɛ taːʀ dɑ̃ la nɥi] 트하바이에 쥐스끄 트헤 따흐 당 라 뉘
밤늦게까지 공부하다

□ **faire la grasse matinée** [fɛːʀ la gʀɑ:s matine]
페흐 라 그하스 마티네 늦잠을 자다

□ **jouer au ping-pong** [ʒwe o pĩŋpɔː̃ŋ] 쥬에 오 뼁뽕 탁구를 치다

□ **jouer à un jeu** [ʒwe a œ̃ ʒø] 쥬에 아 엥 줴 게임을 하다

□ **faire la sieste** [fɛːʀ la sjɛst] 페흐 라 씨에스트 낮잠을 자다

2 가정

3 수

4 도시

5 교통

6 업무

7 쇼핑

8 스포츠·취미

9 자연

□ **jouer du piano** [ʒwe dy pjano] 쥬에 뒤 피아노 **피아노를 치다**

□ **téléphoner** [telefɔne] 뗄레포네 **전화를 걸다**

□ **étudier** [etydje] 에뛰디에 **공부하다**

□ **lire un livre** [liːʀ œ̃ liːvʀ] 리흐 엥 리브흐 **책을 읽다**

□ **écrire une lettre** [ekriːʀ yn lɛtʀ] 에크히흐 윈느 레트흐
편지를 쓰다

□ **faire de la balançoire** [fɛːʀ də la balãswaːʀ]
페흐 드 라 발랑수와흐 **그네를 타다**

□ **glisser sur le toboggan** [glise syʀ lə tɔbɔgã]
글리쎄 쉬흐 르 또보강 **미끄럼틀을 타다**

Dialogue

A: Vous entendez un son?
부 장땅데 엥 쏭?
무슨 소리 들리지 않니?

B: Quoi? Je n'ai entendu que ta voix.
꾸아? 쥬 네 앙땅뒤 끄 따 부아.
글쎄? 네 목소리밖에 안 들렸는데.

A: Écoute, bien. Je pense que quelqu'un joue du
piano pendant cette nuit.
에꾸뜨 비앙. 즈 빵스 끄 껠껑 쥬 뒤 피아노 빵당 쎄뜨 뉘.
잘 들어 봐. 이 밤중에 누가 피아노를 치는 거 같은데.

B: Ah, J'entends ce bruit depuis tout à l'heure.
아, 장땅 스 브휘 드삐 뚜 딸 뤠흐
아, 저 소리는 아까부터 들렸어.

31

phénomènes physiologiques
페노멘 피지올로지끄 **생리 현상**

- **toux** [tu] 뚜 f 기침
- **tousser** [tuse] 뚜쎄 기침하다
  Il tousse tous les jours.
  일 뚜스 뚤 레 쥬흐.
  그는 항상 기침을 달고 산다.

- **transpirer** [tʀɑ̃spiʀe]
  트항스삐헤 땀을 흘리다
  Pourquoi je transpire ainsi beaucoup?
  뿌흐꾸아 쥬 트항스삐흐 앵시 보꾸?
  왜 이렇게 땀이 많이 나지?

- **larme** [laʀm] 라흐므 f 눈물
  Le visage de bébé était mouillé par les larmes.
  르 비쟈쥬 드 베베 에떼 무이에 빠르 레 라흐므.
  아기 얼굴이 눈물로 얼룩저 있었다.

- **soupir** [supiːʀ] 수삐흐 m 한숨
- **soupirer** [supiʀe] 수삐헤
  한숨짓다

- **éternuement** [etɛʀnymɑ̃]
  에떼흐뉘망 m 재채기
- **éternuer** [etɛʀnɥe] 에떼흐뉘에
  재채기하다

- **pet** [pɛ] 뻬 m 방귀
- **péter** [pete] 뻬떼
  방귀 뀌다

- **faire pipi** [fɛːʀ pipi] 페흐 삐삐
  소변을 보다

1 인간

2 가정

3 수

4 도시

5 교통

6 업무

7 쇼핑

8 스포츠·취미

9 자연

관련 단어

☐ **respirer** [ʀɛspiʀe] 헤스삐헤 **호흡하다, 숨을 쉬다**

☐ **pleurer** [plœʀe] 쁠뢰헤 **울다**

☐ **bâillement** [bɑjmɑ̃] 바이으망 m **하품**

☐ **étirement** [etiʀmɑ̃] 에띠흐망 m **기지개**

☐ **hoquet** [ɔkɛ] 오께 m **딸꾹질**

☐ **éructer** [eʀykte] 에휙떼 **(배가 불러서) 트림을 하다**

☐ **salive** [saliːv] 쌀리브 f **침, 타액**

☐ **faire caca** [fɛːʀ kaka] 페흐 까까 **대변을 보다**

☐ **rêve** [ʀɛːv] 헤브 m **꿈**

☐ **rêver** [ʀɛ[e]ve] 헤베 **꿈을 꾸다**

Dialogue

> A: Hier soir, j'ai rêvé que je me disputais avec toi.
> 이에흐 수아흐, 제 헤베 끄 쥬 므 디스쀠떼 아베끄 뚜와.
> 나 어젯밤에 너랑 싸우는 꿈 꿨어.
>
> B: Tu es mécontent de moi?
> 뛰 에 메꽁땅 드 무아?
> 너 나한테 불만 있어?
>
> A: Et bien, c'est peut-être le cas.
> 에 비앙, 쎄 쁘떼트흐 르 꺄.
> 글쎄, 혹시 그럴지도….

caractère·attitude

까학떼흐·아띠뛰드 **성격·태도**

□ **être attentif(ve)** [ɛtʀ atɑ̃tif, -iːv]
에트흐 아땅띠프(브) 주의 깊다

□ **être imprudent(e)**
[ɛtʀ ɛ̃pʀydɑ̃, ɑ̃ːt] 에트흐 앵프휘당(뜨)
부주의하다, 경솔하다

□ **être bavard(e)** [ɛtʀ bavaːʀ, ʀd]
에트흐 바바흐(드) **수다스럽다**

C'est vraiment bavard si les
commères se réunissent.
쎄 브헤망 바바흐 씨 레 꼬메흐 스 헤위니스.
아줌마들이 모이면 정말 수다스럽다.

□ **être diligent(e)** [ɛtʀ diliʒɑ̃, ɑ̃ːt]
에트흐 딜리쟝(뜨) **부지런하다**

Ma sœur est tellement diligente.
마 쐬흐 에 뗄르망 딜리쟝뜨.
우리 언니는 무척 부지런하다.

□ **être impoli(e)** [ɛtʀ ɛ̃pɔli]
에트흐 앵뿔리 **무례하다**

□ **être patient(e)** [ɛtʀ pasjɑ̃, ɑ̃ːt]
에트흐 빠시앙(뜨) 인내심이 있다

□ **être honteux(se)** [ɛtʀ ɔ̃tø, øːz]
에트흐 옹뙤(즈) **부끄러워하다**

34

1 인간
2 가정
3 수
4 도시
5 교통
6 업무
7 쇼핑
8 스포츠·취미
9 자연

관련 단어

□ **être gentil(le)** [ɛtʀ ʒɑ̃ti, -ij] 에트흐 쟝띠(으) 친절하다

□ **être naïf(ve)** [ɛtʀ naif, -iːv] 에트흐 나이프(브) 순수하다

□ **être peureux(se)** [ɛtʀ pœʀø, øːz] 에트흐 쀠회(즈) 겁이 많다

□ **avoir du courage** [avwaːʀ dy kuʀaːʒ] 아부와흐 뒤 꾸하쥬 용감하다

□ **être intelligent(e)** [ɛtʀ ɛ̃te[ɛl]liʒɑ̃, -ɑ̃ːt] 에트흐 앵뗄리쟝(뜨) 지혜롭다

□ **être honnête** [ɛtʀ ɔnɛt] 에트흐 오네뜨 정직하다

□ **être paresseux(se)** [ɛtʀ paʀɛsø, -øːz] 에트흐 빠헤쇠(즈) 게으르다

□ **être ennuyeux(se)** [ɛtʀ ɑ̃nɥijø, -øːz] 에트흐 앙뉘외(즈) 지루하다

□ **être stupide** [ɛtʀ stypid] 에트흐 스뛰삐드 어리석다

□ **être modeste** [ɛtʀ mɔdɛst] 에트흐 모데스트 겸손하다

□ **avoir des formes** [avwaːʀ de fɔʀm] 아부와흐 데 포흠므 예의바르다

□ **être généreux(se)** [ɛtʀ ʒeneʀø, -øːz] 에트흐 제네회(즈) 관대하다

□ **être délicat(e)** [ɛtʀ delika, -at] 에트흐 델리까(트) 섬세하다

□ **être crédible** [ɛtʀ kʀedibl] 에트흐 크헤디블르 믿을 수 있다

□ **être égoïste** [ɛtʀ egɔist] 에트흐 에고이스트 이기적이다

□ **être bizarre** [ɛtʀ bizaːʀ] 에트흐 비자흐 언행이 어색하다

Dialogue

A: Ce boutiquier est vraiment gentil.
스 부띠끼에 에 브헤망 쟝띠.
저 가게 주인 참 친절하더라.

B: D'accord, je pense comme ça.
다꼬흐, 쥬 빵스 꼼 싸.
그래, 나도 그렇게 생각했어.

 **Unit 08**

apparence 아빠항쓰 **외모**

□ **poids** [pwa[ɑ]]
뿌아 ⓜ 몸무게

□ **être gros(se)**
[ɛtʀ gʀo,-oːs] 에트흐 그호(스)
뚱뚱하다

□ **être maigre**
[ɛtʀ mɛgʀ] 에트흐 매그흐
여위다, 마르다

□ **taille** [tɑːj] 따이으
ⓕ 키, 신장

Quelle est votre taille?
껠 레 보트흐 따이으?
키가 얼마나 되세요?

□ **être grand(e)**
[ɛtʀ gʀɑ̃, -ɑ̃ːd]
에트흐 그항(드)
키가 크다

□ **être petit(e)**
[ɛtʀ pəti,-it]
에트흐 쁘띠(뜨)
키가 작다

□ **être mignon(ne)**
[ɛtʀ miɲɔ̃, -ɔn]
에트흐 미뇽(느) 귀엽다

Ce bébé est très
mignon.
스 베베 에트헤 미뇽.
저 아기 무척 귀엽네.

□ **être joli(e)**
[ɛtʀ ʒɔli] 에트흐 졸리
아름답다, 예쁘다

□ **être charmant(e)**
[ɛtʀ ʃaʀmɑ̃, -ɑ̃ːt]
에트흐 샤흐망(트)
매력적이다

36

1 인간

2 가정

3 수

4 도시

5 교통

6 업무

7 쇼핑

8 스포츠·취미

9 자연

☐ **chauve**
[ʃoːv] 쇼브
f 대머리

☐ **coupe au carré**
[kup o ka[ɑ]ʀe] 꾸프 오 까헤
f 단발머리

☐ **cheveux frisés**
[ʃ(ə)vø fʀize] 슈뵈 프히제
mpl 곱슬머리

관련 단어

☐ **cheveux permanentés** [ʃ(ə)vø pɛʀmanɑ̃te] 슈뵈 뻬흐마낭떼
mpl 파마머리

☐ **cheveu blanc** [ʃ(ə)vø blɑ̃] 슈뵈 블랑 m 흰머리

☐ **impression** [ɛ̃pʀesjɔ̃] 앵프헤씨옹 f 인상

☐ **expression** [ɛkspʀesjɔ̃] 엑스프헤씨옹 f 표정

☐ **visage impassible** [vizaːʒ ɛ̃pasibl] 비자쥬 앵빠씨블르
m 포커페이스, 무표정

☐ **être distrait(e)** [ɛtʀ distʀɛ, -ɛt] 에트흐 디스트헤(트) 멍하다

☐ **avoir la ligne** [avwaːʀ la liɲ] 아부와흐 라 리뉴 몸매가 좋다

☐ **être sexy** [ɛtʀ sɛksi] 에트흐 섹시 섹시하다

☐ **être beau** [ɛtʀ bo] 에트흐 보 멋지다, 잘생기다

Dialogue

A: Ce style de cheveux permanentés m'irait bien?
쓰 스틸 드 슈뵈 뻬흐마낭떼 미해 비앙?
이런 스타일의 파마머리가 나한테 어울릴까?

B: Oui, ce serait bien.
위, 스 스해 비앙.
응, 괜찮을 거 같아.

émotion(s) 에모씨옹 **감정(형용사)**

□ **heureux(se)** [œʀØ, -Ø:Z]
에회(즈) **행복한**

Nous sommes une famille heureuse.
누 쏨므 윈 파미으 에회즈.
우리는 행복한 가족이에요.

□ **triste** [tʀist] 트히스트
슬퍼하는, 상심하는

Ne soyez pas trop triste même si votre petit ami vous a quitté.
느 수와예 빠 트호 트히스트 멤 씨 보트흐 쁘띠 따미 부 자 끼떼.
남자친구와 헤어졌어도 너무 슬퍼하지 말아요.

□ **chaud(e)** [ʃo, ʃo:d]
쇼(드) **더운**

Je ne veux pas sortir car il fait chaud.
쥬 느 브 빠 소흐띠흐 까흐 일 패 쇼.
더워서 밖에 나가기 싫다.

□ **froid(e)**
[fʀwa[ɑ], -a[ɑ:]d]
프후아(드) **추운**

□ **avoir soif** [avwa:ʀ swaf]
아부와흐 수와프 **목마르다**

□ **fâché(e)** [faʃe] 파쉐 **화난**
Le boss est vraiment terrible s'il est fâché.
르 보스 에 브헤망 떼히블르 씰 에 파쉐.
사장님이 화내시면 정말 무서워.

□ **vanné(e)**
[vane] 바네
녹초가 된

□ **fatigué(e)**
[fatige] 파티계
피곤한

□ **avoir faim** [avwaːʀ fɛ̃]
아부와흐 팽 배고프다

□ **avoir le ventre plein**
[avwaːʀ lə vɑ̃ːtʀ plɛ̃]
아부와흐 르 방트흐 쁠랭 배부르다

□ **honteux(se)** [ɔ̃tø, -øːz]
옹뛰(즈) 부끄러운, 창피한

□ **étonnant(e)** [etɔŋɑ̃, ɑ̃ːt]
에또낭(트) 놀라운

관련 단어

□ **amusant(e)** [amyzɑ̃, ɑ̃ːt] 아뮈장(트) 재미있는

□ **perturbé(e)** [pɛʀtyʀbe] 뻬흐뛰흐베 헷갈리는

□ **déçu(e)** [desy] 데쒸 실망한

□ **terrible** [tɛʀibl] 떼히블르 무서운

□ **ravi(e)** [ʀavi] 하비 기쁜

□ **solitaire** [sɔliteːʀ] 쏠리떼흐 쓸쓸한

□ **seul(e)** [sœl] 쐴 외로운

□ **endormi(e)** [ɑ̃dɔʀmi] 앙도흐미 졸린

Dialogue

A: Tu sembles fatigué!
뛰 상블르 파티게!
너 피곤해 보이는데!

B: J'ai veillé toute la nuit en préparant un examen.
제 베이에 뚜뜨 라 뉘 앙 프헤빠항 에 네그자멩.
시험 공부하느라 밤샘했어요.

sentiment 쌍띠망 느낌(명사)

☐ **sagesse** [saʒɛs]
싸제스 **f** 지혜

Il agit avec sagesse.
일 아지 아베끄 싸제스.
그는 지혜롭게 행동한다.

☐ **tristesse**
[tʀistɛs] 트히스떼스
f 슬픔

☐ **courage**
[kuʀaːʒ] 꾸하쥬
m 용기

☐ **peur** [pœːʀ] 뻬흐
f 두려움

Chasse tes peurs!
샤스 떼 뻬흐!
두려움을 버려라!

☐ **douleur**
[dulœːʀ] 둘뢰흐
f 아픔

☐ **plaisir** [plɛ[e]ziːʀ] 쁠레지흐
m 즐거움

☐ **amour** [amuːʀ] 아무흐 **m** 사랑
Leur amour est beau.
뤠흐 아무흐 에 보.
그들의 사랑은 아름답다.

☐ **désespoir** [dezɛspwaːʀ]
데제스쁘와흐 **m** 절망

40

□ **séduction** [sedyksjɔ̃]
세뒥씨옹 유혹, 매혹

□ **liberté** [libɛʀte]
리베흐떼 **f** 자유

1 인간

2 가정

3 수

4 도시

5 교통

6 업무

7 쇼핑

8 스포츠·취미

9 자연

관련 단어

□ **espoir** [ɛspwaːʀ] 에스쁘와흐 **m** 희망

□ **paix** [pɛ] 뻬 **f** 평화

□ **s'émerveiller** [semɛʀve[e]je] 쎄메흐베이에 감탄하다

□ **avoir bon cœur** [avwaːʀ bɔ̃ kœːʀ] 아브와흐 봉 꾀흐 친절하다

□ **remercier** [ʀəmɛʀsje] 흐메흐씨에 감사하다

□ **être vrai(e)** [ɛtʀ vʀɛ] 에트흐 브해 진실하다

□ **être honnête** [ɛtʀ ɔnɛt] 에트흐 오네트 정직하다

□ **être idéal(e)** [[ɛtʀ ideal] 에트흐 이데알 이상적이다

□ **être content(e)** [ɛtʀ kɔ̃tɑ̃, -ɑ̃ːt] 에트흐 꽁땅(트) 만족스럽다

□ **s'inquiéter** [sɛ̃kjete] 쎙끼에떼 불안하다, 걱정하다

□ **regretter** [ʀəgʀe[e]te] 흐그헤떼 후회하다

□ **détester** [detɛste] 데떼스떼 증오하다, 싫어하다

Dialogue

A: Travaille maintenant sans regretter plus tard!
트라바이으 맹뜨낭 쌍 흐그헤떼 쁠뤼 따흐!
너 나중에 후회하지 말고, 지금 열심히 공부해라.

B: C'est vraiment irritant d'écouter la même chose tous les jours!
쎄 브헤망 이히땅 데꾸떼 라 멤 쇼즈 뚜 레 쥬흐.
매일 똑같은 소리, 듣기 정말 짜증나요!

 **연습문제** Exercices

1 다음 인체 부위의 이름을 프랑스어로 써보세요.

a) 눈 코 입 귀 혀　　　　b) 어깨 팔 손가락 다리 무릎

2 다음 단어의 뜻을 써보세요.

foie ＿＿＿＿＿＿＿＿＿　　　sang ＿＿＿＿＿＿＿＿＿

os ＿＿＿＿＿＿＿＿＿　　　muscle ＿＿＿＿＿＿＿＿＿

cellule ＿＿＿＿＿＿＿＿＿　　　cœur ＿＿＿＿＿＿＿＿＿

3 다음 빈칸에 알맞은 프랑스어를 써넣어 보세요.

a) 나는 한 자매와 두 형제가 있다.

J'ai une ＿＿＿＿＿＿＿＿ et deux ＿＿＿＿＿＿＿＿.

b) 사위란 내 딸의 남편을 말한다.

＿＿＿＿＿＿＿ ,c'est le ＿＿＿＿＿＿ de ma ＿＿＿＿＿＿.

c) 내가 어린 시절에 dans mon ＿＿＿＿＿＿＿＿

d) 신랑과 신부 le＿＿＿＿＿＿＿＿ et la ＿＿＿＿＿＿＿

e) 인생은 아름다워. La ＿＿＿＿＿＿＿ est belle.

f) 탄생과 죽음 la _____ et la _____

g) 삼각 관계 relations _____

h) 당신과 결혼하고 싶어요. Je voudrais _____ contigo.

4 다음 단어의 뜻을 써보세요.

se lever _____

regarder la télévision _____

aller au lit _____

écouter de la musique _____

5 다음 그림과 단어를 연결해 보세요.

tousser   transpirer   soupirer   faire pipi   larme

6 다음 빈칸에 알맞은 프랑스어를 써넣어 보세요.

a) 조심해요! _____!

b) 이기적인 여자 une femme _____

c) 친절하고 무례하지 않은 _____ , pas _____

7 다음을 해석해 보세요.

Un garçon qui est grand _____

Une fille qui est mignonne _____

chauve _____

8 다음 빈칸에 알맞은 프랑스어를 써넣어 보세요.

a) 나는 무척 목이 마릅니다. J'ai très _____.

b) 슬픈 영화 Le cinéma _____

c) 그는 재미있는 사람이다. C'est un homme bien _____.

d) 당신의 친절에 감사드립니다. Je vous _____ de evotre gentillesse.

e) 전쟁과 평화 La guerre et la _____

1 a) œil (yeux) nez   bouche   oreille   langue
   b) épaule   bras   doigt   jambe   genou

2 간   혈액   뼈   근육   세포   심장

3 a) sœur, frère   b) gendre, mari, fille   c) enfance
   d) marié, mariée   e) vie   f) naissance, mort   g) triangulaire   h) me marier

4 일어나다   텔레비전을 보다   잠자리에 들다   음악을 듣다

5 한숨짓다 – soupirer   기침하다 – tousser   땀을 흘리다 – transpirer
   눈물 – larme   소변을 보다 – faire pipi

6 a) Attention!   b) égoïste   c) gentil   impoli

7 키가 큰 소년   귀여운 소녀   대머리

8 a) soif   b) triste   c) amusant   d) remercie   e) paix

1 인간

2 가정

3 수

4 도시

5 교통

6 업무

7 쇼핑

8 스포츠·취미

9 자연

Theme 2

→ **foyer** 푸와예 **가정**

maison 메종 집

☐ **appartement** [apaʀtəmɑ̃]
아빠흐뜨망 m 아파트

☐ **locataire** [lɔkatɛːʀ]
로꺄떼흐 n 세입자

☐ **propriétaire** [pʀɔpʀijetɛːʀ]
프호프히에떼흐 n 집주인

Je suis bien content de rencontrer
un bon propriétaire cette fois.
즈 쉬 비앵 꽁땅 드 헝꽁트헤 엥 봉 프호프히에떼흐
쎄뜨 푸와.
이번엔 좋은 집주인을 만나서 다행이야.

☐ **logement** [lɔʒmɛ̃]
로쥬망 m 주택

Comme ce logement est
magnifique!
꼼므 쓰 로쥬망 에 마니피끄!
이 얼마나 멋진 주택인가!

☐ **loyer** [lwaje] 루와예 m 집세
C'est combien le loyer?
쎄 꽁비앵 르 루와예?
집세는 얼마예요?

☐ **louer** [lwe] 루에 임대하다

관련 단어

□ **résidence** [Rezidɑ̃ːs] 헤지당스 f 거주지, 저택

□ **adresse** [adRɛs] 아드헤스 f 주소

□ **déménagement** [demenaʒmɑ̃] 데메나쥬망 m 이사

□ **agence immobilière** [aʒɑ̃ːs i(m)mɔbiljɛːR] 아장스 이모빌리에흐 f 공인중개소

□ **caution** [kosjɔ̃] 꼬씨용 f 보증금

□ **reconstruire** [Rəkɔ̃stRчiːR] 흐꽁스트휘흐 개축(재건)하다

□ **villa** [vi(l)la] 빌라 f 빌라

□ **pavillon** [pavijɔ̃] 빠비용 m 아파트의 한 동

□ **ensemble résidentiel** [ɑ̃sɑ̃ːbl Rezidɑ̃sjɛl] 앙상블 헤지당시엘 m 아파트 단지

□ **canalisation des eaux potables** [kanalizɑsjɔ̃ de zo pɔtabl] 까날리자씨옹 데 조 뽀따블르 f 상수도

□ **égout** [egu] 에구 m 하수도

□ **électricité** [elɛktRisite] 엘렉트히시떼 f 전기

□ **l'eau courante et l'électricité** [lo kuRɑ̃ːt e lelɛktRisitẽ] 로 꾸항뜨 에 렐렉트히시떼 f 수도와 전기

□ **gaz** [gɑːz] 가즈 m 가스

Dialogue

A: Cette maison, quand a-t-elle été reconstruite?
쎄뜨 메종, 깡 아 뗄 에떼 흐꽁스트휘트?
이 집은 언제 개축한 거예요?

B: Je l'ai aménagée aussitôt que l'ancien propriétaire a déménagé l'année dernière.
쥬 레 아메나제 오씨또 끄 랑시엥 프호프히에떼흐 아 데메나제 라네 데흐니에흐.
작년에 전 집주인이 이사 가고 나서 바로 고쳤어요.

extérieur de la maison

엑스떼리외흐 드 라 메종 **주택 외부**

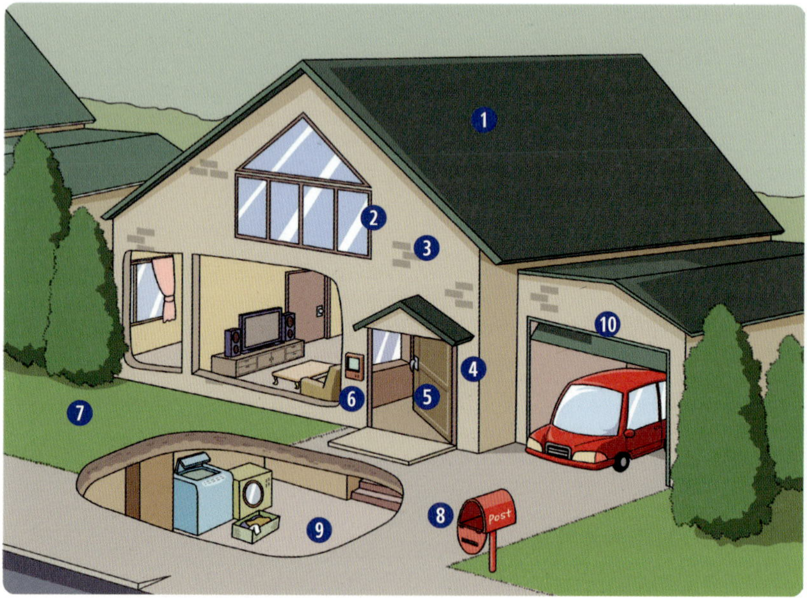

❶ **toit** [twa] 뚜와 m 지붕

❷ **fenêtre** [f(ə)nɛtʀ] 프네트흐 f 창문

❸ **mur** [myːʀ] 뮈흐 m 벽

❹ **vestibule** [bɛstibyl] 베스띠뷜 m 현관

❺ **porte** [pɔʀt] 뽀흐뜨 f 문

❻ **sonnette** [sɔnɛt] 쏘네뜨 f 초인종

❼ **pelouse** [pəluːz] 쁠루즈 f 잔디

48

❽ boîte aux lettres [bwat o letʀ] 부와뜨 오 레트흐 **f** 우편함

❾ sous-sol [susɔl] 수쏠 **m** 지하실

❿ garage [gaʀaːʒ] 가하즈 **m** 차고

1 인간

2 가정

3 수

4 도시

5 교통

6 업무

7 쇼핑

8 스포츠·취미

9 자연

관련 단어

□ **clôture** [klotyːʀ] 끌로뛰흐 **f** 울타리, 담장

□ **plaque avec le nom du propriétaire**
[plak avɛk lə nɔ̃ dy pʀopʀijɛtɛːʀ] 쁠라끄 아베끄 르 농 뒤 프호프히에떼흐 **f** 문패

□ **cour de devant** [kuːʀ də dəvã] 꾸흐 드 드방 **f** 앞마당

□ **jardin** [ʒaʀdɛ̃] 쟈흐댕 **m** 정원

□ **véranda** [veʀãda] 베항다 **f** 베란다

□ **entrepôt** [ãtʀəpo] 앙트흐뽀 **m** 창고

□ **mansarde** [mãsaʀd] 망사흐드 **m** 다락

□ **escalier** [ɛskalje] 에스깔리에 **m** 계단

Dialogue

A: La sonnette a tinté. Vas voir!
라 쏘네뜨 아 땡떼. 바 브와르!
초인종 소리가 나는데, 좀 나가 봐.

B: Mais non, tu fais!
메 농, 뒤 페!
싫어, 네가 가.

A: Tu vois, bien que je suis en train de faire la vaisselle.
뛰 부아, 비엥 끄 쥬 쉬 앙 트행 드 페흐 라 베쎌.
난 지금 설거지하고 있잖아.

49

salle de séjour 쌀 드 세쥬흐 **거실**

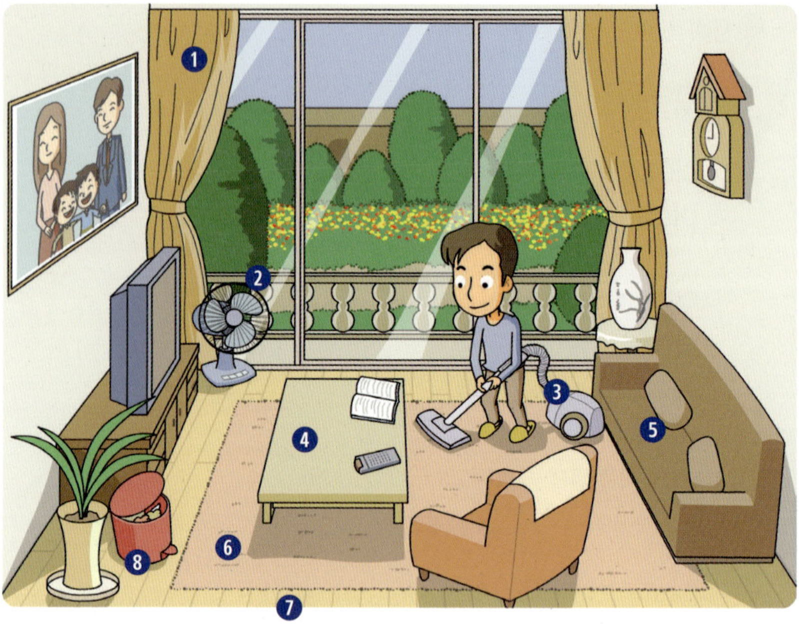

❶ **rideau** [ʀido] 히도 Ⓜ 커튼

❷ **ventilateur** [vɑ̃tilatœ:ʀ] 방띨라뙤흐 Ⓜ 선풍기

❸ **aspirateur** [aspiʀatœ:ʀ] 아스피하뙤흐 Ⓜ 진공청소기

❹ **table** [tabl] 따블르 f 탁자, 테이블

❺ **canapé** [kanape] 까나페 Ⓜ 소파

❻ **tapis** [tapi] 따피 Ⓜ 양탄자, 카펫

❼ **plancher** [plɑ̃ʃe] 쁠랑쉐 Ⓜ 마루

❽ **poubelle** [pubɛl] 뿌벨 f 쓰레기통

50

□ **télévision** [televizjɔ̃]
뗄레비지옹 f 텔레비전

□ **photographie** [fɔtɔgʀafi]
뽀또그하피 f 사진

□ **télécommande** [telekɔmɑ̃:d]
뗄레꼬망드 f 리모컨

Cette télécommande ne marche pas bien.
쎄뜨 뗄레꼬망드 느 마흐슈 빠 비앙.
이 리모컨이 잘 작동되지 않는다.

□ **horloge** [ɔʀlɔ:ʒ]
오흘로쥬 f 벽시계

관련 단어

□ **plafond** [plafɔ̃] 쁠라퐁 m 천장
□ **chandelier** [ʃɑ̃dəlje] 샹들리에 m 샹들리에
□ **pilier** [pilje] 삘리에 m 기둥
□ **fauteuil** [fotœj] 포뙤이으 m 안락의자
□ **rayonnage de livres** [ʀɛjɔnaːʒ də liːvʀ] 헤이오나쥬 들 리브흐 m 책장
□ **tableau** [tablo] 따블로 m 그림
□ **coussin** [kusɛ̃] 꾸쌩 m 쿠션

Dialogue

A: Qui est cette jeune femme sur cette photo?
끼 에 쎄뜨 줸느 팜므 쉬흐 쎄뜨 뽀또?
이 사진 속의 이 젊은 여자분은 누구야?

B: C'est ma mère il y a vingt ans.
쎄 마 메흐 일 리 아 뱅 땅.
20년 전의 우리 엄마야.

1 인간
2 가정
3 수
4 도시
5 교통
6 업무
7 쇼핑
8 스포츠·취미
9 자연

cuisine 뀌진 **주방**

□ **évier** [evje] 에비에
ⓜ 싱크대

□ **réfrigérateur**
[ʀefʀiʒeʀatœːʀ] 헤프히제하뛔흐

ⓜ 냉장고

□ **buffet** [byfɛ] 뷔페
ⓜ 찬장

□ **bouilloire** [bujwaːʀ]
부이유와흐 ⓕ 주전자

□ **autocuiseur électrique**
[ɔ[o]tɔkɥizœːʀ elɛktʀik]

오또뀌줴흐 엘렉트히끄 ⓜ 전기밥솥

□ **poêle à frire** [pwa[ɑ]l a fʀiːʀ]
뿌왈 아 프히흐 ⓜ 프라이팬

□ **casserole** [kasʀɔl]
까스홀 ⓕ 냄비

□ **grille-pain** [gʀijpɛ̃] 그히흐빵 ⓜ 토스터
Toaste du pain avec le grille-pain, et
puis prenons-en avec du café.
토스트 뒤 빵 아베끄 르 그히으빵, 에 뀌 프흐농- 장 아베
끄 뒤 까페..
토스터에 빵을 구워 커피랑 먹자.

□ **micro-ondes** [mikʀɔ̃ːd]
미크호 옹드 ⓜ 전자레인지

52

□ **récipient** [Resipjɑ̃]
헤시피앙 m 그릇

□ **assiette**
[asjɛt] 아씨에뜨
f 접시

□ **tasse** [tɑːs] 따스 f 컵

Je veux acheter de belles tasses chaque fois que j'en vois.
쥬 브 아슈떼 드 벨 따스 샤끄 푸아 끄 쟝 브와.
나는 예쁜 컵만 보면 사고 싶다.

□ **louche** [luʃ]
루슈 f 국자

□ **couteau de cuisine**
[kuto də kɥizin] 꾸또 드 뀌진 m 식칼

□ **planche à découper**
[plɑ̃ːʃ a dekupe] 쁠랑슈 아 데꾸뻬 f 도마

 관련 단어

□ **four** [fuːʀ] 푸흐 m 오븐

□ **torchon** [tɔʀʃɔ̃] 또흐숑 m 행주

□ **couvercle** [kuvɛʀkl] 꾸베흐끌 m 뚜껑

□ **pot** [po] 뽀 m 항아리

□ **cuiller** [kɥijɛːʀ] 뀌이예 f 숟가락

□ **baguettes** [bagɛt] 바게뜨 fpl 젓가락

□ **fourchette** [fuʀʃɛt] 푸흐쉐뜨 f 포크

□ **couteau** [kuto] 꾸또 m 나이프

Dialogue

A: Tu peux donner un coup de torchon sur la table?
뛰 뾔 도네 엥 꾸 드 또흐숑 쉬흐 라 따블르?
행주로 식탁 좀 닦아줄래?

B: Je l'ai déjà fait. Maintenant, je mets le couvert.
쥴레 데자 페. 맹뜨낭 쥬 메 르 꾸베흐.
벌써 닦았어요. 지금 식기 놓고 있어요.

1 인간

2 가정

3 수

4 도시

5 교통

6 업무

7 쇼핑

8 스포츠·취미

9 자연

53

salle de bain 쌀 드 뱅 욕실

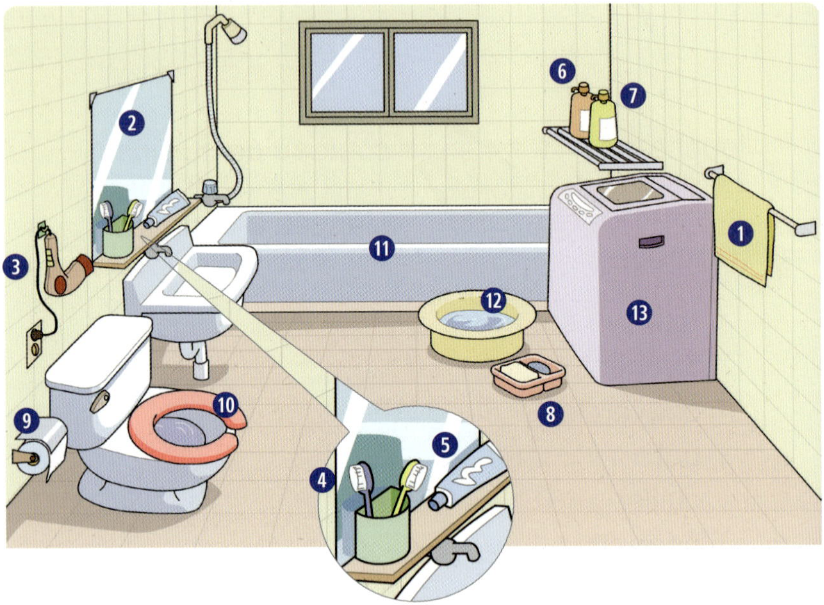

❶ **serviette** [sɛʀvjɛt] 세흐비에뜨 f 수건, 타월

❷ **miroir** [miʀwaːʀ] 미후와흐 m 거울

❸ **sèche-cheveux** [sɛʃʃəvø] 세슈 슈뵈 m 헤어드라이어

❹ **brosse à dents** [bʀɔs a dɑ̃] 브로스 아 당 f 칫솔

❺ **dentifrice** [dɑ̃tifʀis] 당띠프히스 m 치약

❻ **shampo(o)ing** [ʃɑ̃pwɛ̃] 샹푸앵 m 샴푸

❼ **après-shampo(o)ing** [apʀɛʃɑ̃pwɛ̃] 아프헤 샹푸앵 m 린스

❽ **savon** [savɔ̃] 싸봉 m 비누

54

❾ papier hygiénique [papje iʒjenik] 빠삐에 이지에니크 m 화장지

❿ cuvette des toilettes [kyvɛt de twalɛt] 퀴베트 데 뚜왈렛 f 변기

⓫ baignoire [bɛɲwaːʀ] 베뉴와흐 f 욕조

⓬ cuvette [kyvɛt] 퀴베뜨 f 세숫대야

⓭ machine à laver [maʃin a lave] 마쉰 알 라베 f 세탁기

관련 단어

- □ **peignoir** [pɛɲwaːʀ] 뻬뉴와흐 m 목욕 가운
- □ **eau du bain** [o dy bɛ̃] 오 뒤 뱅 f 목욕물
- □ **se laver les cheveux** [s(ə) lave le ʃ(ə)vø] 슬 라베 레 슈뵈 머리를 감다
- □ **linge à laver** [lɛ̃ːʒ] 랭쥬 아 라베 m 세탁물
- □ **détergent** [detɛʀʒɑ̃] 데떼흐쟝 m 세제
- □ **mousse** [ekym] 무스 f 거품
- □ **pince à linge** [pɛ̃ːs a lɛ̃ːʒ] 뼁스 아 랭쥬 f 빨래집게
- □ **tête de douche** [duʃɛt] 떼뜨 드 두슈 f 샤워기
- □ **robinet** [ʀɔbinɛ] 호비네 m 수도꼭지
- □ **vidange** [vidɑ̃ːʒ] 비당쥬 f 배수구

Dialogue

A: Maman, il n'y a plus de shampooing.
마망, 일 니 아 쁠뤼 드 샹뿌앵.
엄마, 샴푸가 다 떨어졌어요.

B: Ah bon? Il n'y a pas longtemps que je l'achète.
아 봉? 일 니 아 빠 롱땅 끄 쥬 라세뜨.
그래? 새로 산 지 얼마 안 된 거 같은데.

1 인간
2 가정
3 수
4 도시
5 교통
6 업무
7 쇼핑
8 스포츠·취미
9 자연

chambre à coucher 샹브ㅎ 아 꾸쉐 **침실**

❶ **lit** [li] 리 m 침대

❷ **oreiller** [ɔʀɛ[e]je] 오헤이에 m 베개

❸ **drap de lit** [dʀa də li] 드하 들 리 m 침대보

❹ **couverture** [kuvɛʀty:ʀ] 꾸베흐뛰흐 f 담요, 모포

❺ **lampe de bureau** [lɑ̃:p də byʀo] 랑쁘 드 뷔호 f 스탠드

❻ **bureau** [byʀo] 뷔호 m 책상

❼ **chaise** [ʃɛːz] 쉐즈 f 의자

❽ **commode** [kɔmɔd] 꼬모드 f 서랍장, 수납장

56

1 인간

2 가정

3 수

4 도시

5 교통

6 업무

7 쇼핑

8 스포츠·취미

9 저녁

관련 단어

□ **réveil** [ʀevɛj] 헤베이으 **m** 알람시계

□ **humidificateur** [ymidifikatœːʀ] 위미디피꺄뙤흐 **m** 가습기

□ **armoire** [aʀmwaːʀ] 아흐무와흐 **f** 옷장

□ **coiffeuse** [kwaføːz] 꾸와푀즈 **f** 화장대

□ **tiroir** [tiʀwaːʀ] 띠후와흐 **m** 서랍

□ **lit simple** [li sɛ̃ːpl] 리 쌩쁠르 **m** 싱글베드, 1인용 침대

□ **lit double** [li dubl] 리 두블르 **m** 더블베드, 2인용 침대

□ **lit superposé** [li sypɛʀpoze] 리 쉬페흐뽀제 **m** 2단 침대

Dialogue

A: Comme cette chambre est sale!
꼼므 쎄뜨 샹브흐 에 쌀르!
이 방이 엄청 더럽다!

B: Je sais bien, mais je n'ai pas le temps de nettoyer.
쥬 세 비엥, 메 쥬 네 빠 르 땅 드 네뚜와예.
알고 있어. 그런데 치울 시간이 없네.

A: Alors, Je vais t'aider.
알로흐, 쥬 베 떼데.
그럼 내가 도와줄게.

B: Merci!
메흐씨!
고마워!

chambre de bébé 샹브흐 드 베베 **아기 방**

□ **jouet** [ʒwɛ] 쥬에 m 장난감

Aujourd'hui, je me suis bien amusé
avec mes jouets.

오쥬흐디, 쥬 므 쉬 비에 나뮈제 아베끄 메 쥬에.

오늘, 나는 장난감을 가지고 잘 놀았다.

□ **pot** [po] 뽀 f 유아용 변기

Maintenant, il est temps d'utiliser
le pot.

맹뜨낭, 일 레 땅 뒤띨리제 르 뽀.

이제 유아용 변기를 사용할 때가 되었어요.

□ **nounours** [nunuʀs] 누누흐스

m 곰인형

Mon bébé aime beaucoup le
nounours.

몽 베베 엠므 보꾸 르 누누흐스.

우리 아기가 곰인형을 매우 좋아한다.

□ **berceau** [bɛʀsō] 베흐쏘 m 요람

Le bébé dort dans le berceau.

르 베베 도흐 당 르 베흐쏘.

아기가 요람에서 자고 있다.

□ **trotteur** [tʀɔtœːʀ] 트호뙤흐 m 보행기

1 인간
2 가정
3 수
4 도시
5 교통
6 업무
7 쇼핑
8 스포츠 · 취미
9 자연

관련 단어

☐ **lit d'enfant** [li dɑ̃fɑ̃] 리 당팡 m 유아용 침대

☐ **armoire d'enfant** [aʀmwaːʀ dɑ̃fɑ̃] 아흐무와흐 당팡 f 아기 옷장

☐ **voiture d'enfant** [vwatyːʀ dɑ̃fɑ̃] 부와뛰흐 당팡 f 유모차

☐ **boîte de jouet** [bwat də ʒwɛ] 부와뜨 드 쥬에 f 장난감 상자

☐ **bavoir** [bavwaːʀ] 바부와흐 m 턱받이

☐ **couche** [kuʃ] 꾸슈 f 기저귀

☐ **salopette** [salɔpɛt] 쌀로뻬뜨 f 멜빵 바지

☐ **balançoire** [balɑ̃swaːʀ] 발랑수와흐 f 그네

Dialogue

A: Je voudrais acheter une voiture d'enfant.
쥬 부드헤 아슈떼 윈느 부와뛰흐 당팡.
유모차를 사려고 하는데요.

B: Bien, que pensez-vous de cet article?
비앙, 끄 빵세−부 드 쎄 따흐티끌르?
그러세요? 이거 어떠세요?

A: Euh, ça me plaît. Alors ça fait combien?
외, 싸 므 쁠레. 알로흐 싸페 꽁비앙?
음. 좋아 보이네요. 그런데 가격은요?

outils ·articles divers
우띠 · 아흐띠끌 디베흐 **공구·잡화**

□ **tournevis** [tuʀnəvis]
뚜흐느비스 m 드라이버

□ **scie électrique** [si elɛktʀik]
씨 엘렉트히끄 f 전기톱

□ **pince** [pɛ̃:s] 뺑스
f 펜치

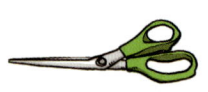

□ **ciseau** [sizo] 씨조
m 가위

□ **scie** [si] 씨 f 톱

□ **hache** [aʃ] 아슈
f 도끼

□ **marteau**
[maʀto] 마흐또
m 망치

□ **clou** [klu] 끌루 m 못

Il a enfoncé un clou avec
un marteau dans le mur.
일 아 앙퐁세 엥 끌루 아베끄 엥 마흐또 당
르 뮈흐.
그는 벽에 망치로 못을 박았다.

□ **pelle** [pɛl] 뻴르 f 삽

□ **échelle** [eʃɛl] 에쉘르
f 사다리

60

1 인간

2 가정

3 수

4 도시

5 교통

6 업무

7 쇼핑

8 스포츠·취미

9 지역

□ **balai** [balɛ] 발레
ⓜ 빗자루

□ **pelle à poussière** [pɛl a pusjɛːʀ]
쁠 라 뿌시에흐 ⓕ 쓰레받기

J'ai balayé les déchets et les ai ramassés avec la pelle à poussière.
줴 발레이예 레 데쉐 엘 레 제 하마쎄 아베ㄲ 라 쁠 라 뿌시에흐.
쓰레받기에 빗자루로 쓰레기를 쓸어 담았다.

관련 단어

□ **tournevis cruciforme** [tuʀnəvis kʀysifɔʀm]
뚜흐느비스 크휘씨포흠ㅁ ⓜ 십자 드라이버

□ **grésoir** [gʀezwaːʀ] 그헤쥬와흐 ⓜ 줄칼

□ **mètre** [mɛtʀ] 메트흐 ⓜ 줄자

□ **fil de fer** [fil də feːʀ] 필 드 페흐 ⓜ 철사

□ **pioche** [piɔʃ] 삐오슈 ⓕ 곡괭이

□ **colle** [kɔl] 꼴 ⓕ 풀, 접착제

□ **sac en plastique** [plastik] 싹 앙 쁠라스띠ㄲ ⓜ 비닐 봉지

□ **prise de courant** [pʀiːz də kuʀɑ̃] 프히즈 드 꾸항 ⓕ 콘센트

□ **portemanteau** [pɔʀtəmɑ̃to] 뽀흐뜨망또 ⓜ 옷걸이

□ **seau** [so] 쏘 ⓜ 양동이

□ **fil** [fil] 필 ⓜ 실

□ **aiguille** [egɥij] 에귀이으 ⓕ 바늘

□ **chiffon** [ʃifɔ̃] 쉬퐁 ⓜ 걸레

□ **déchet** [deʃɛ] 데쉐 ⓜ 쓰레기

1 다음 빈칸에는 알맞은 프랑스어를 써넣고, 프랑스어는 해석해 보세요.

a) 나는 아파트에 삽니다.

J'habite un _____ .

b) 주택 _____

c) loyer _____   propriétaire _____

   locataire _____

2 다음 단어를 프랑스어 혹은 우리말로 고쳐 보세요.

a) 지붕 _____   앞마당 _____

   다락 _____   정원 _____

   잔디 _____

b) plafond _____   fauteuil _____

   plancher _____   ventilateur _____

   tableau _____

c) miroir _____   savon _____

   baignoire _____   dentifrice _____

   serviette _____

d) 침대 _____   베개 _____

   옷장 _____   서랍 _____

   화장대 _____

3 다음 그림과 단어를 연결해 보세요.

•　　　　•　　　　•　　　　•　　　　•

•　　　　•　　　　•　　　　•　　　　•

récipient　　micro-ondes　　buffet　　bouilloire　　louche

4 다음 보기에서 단어를 골라 빈칸에 써넣어 보세요.

a) berceau　nounours　balançoire　jouet
b) marteau　scie　clou　échelle

a) 그네 _____　　요람 _____　　장난감 _____

곰인형 _____

b) 톱 _____　　망치 _____　　못 _____

사다리 _____

1 a) appartement　b) logement　c) 집세, 집주인, 세입자
2 a) toit / cour de devant / mansarde / jardin / pelouse
　b) 천장　안락의자　마루　선풍기　그림
　c) 거울　비누　욕조　치약　수건
　d) lit　oreiller　armoire　tiroir　coiffeuse
3 전자레인지 – micro-ondes　주전자 – bouilloire　찬장 – buffet
　국자 – louche　　그릇 – récipient
4 a) balançoire　berceau　jouet　nounours
　b) scie　marteau　clou　échelle

THEMATIC FRENCH WORDS

Theme ③

→ nombres 농브흐 수

1 인간
2 가정
3 수
4 도시
5 교통
6 업무
7 쇼핑
8 스포츠·취미
9 자연

chiffre 쉬프흐 숫자

☐ 0 **zéro** [zero] 제호

☐ 1 **un** [œ̃] 엥

☐ 2 **deux** [dø] 두

☐ 3 **trois**
[tʀwɑ] 트후와

☐ 4 **quatre**
[katʀ] 캬뜨흐

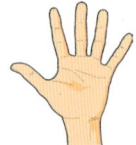

☐ 5 **cinq**
[sɛ̃(:k)] 쌩크

☐ 6 **six** [sis] 씨스

☐ 7 **sept** [sɛt] 쎄뜨

☐ 8 **huit** [ɥit] 위뜨

☐ 9 **neuf** [nœf] 눼프

☐ 10 **dix** [dis] 디스

□ 11 onze [ɔ̃ːz] 옹즈
□ 12 douze [duːz] 두즈
□ 13 treize [tʀɛːz] 트헤즈
□ 14 quatorze [katɔʀz] 꺄또흐즈
□ 15 quinze [kɛ̃ːz] 깽즈 .

□ 16 seize [sɛːz] 쎄즈
□ 17 dix-sept [di(s)sɛt] 디-쎄뜨
□ 18 dix-huit [dizɥi(t)] 디즈-위뜨
□ 19 dix-neuf [diznœf] 디즈눼프
□ 20 vingt [vɛ̃] 뱅

□ 30 trente [tʀɑ̃ːt] 트항뜨
□ 40 quarante [kaʀɑ̃ːt] 꺄항뜨
□ 50 cinquante [sɛ̃kɑ̃ːt] 쌩깡뜨
□ 60 soixante [swasɑ̃ːt] 수와쌍뜨
□ 70 soixante-dix [swasɑ̃tdis]
  수와쌍뜨-디스

□ 80 quatre-vingts [katʀəvɛ̃]
  꺄트흐-뱅
□ 90 quatre-vingt-dix
  [katʀəvɛ̃dis] 꺄트흐-뱅-디스
□ 100 cent [sɑ̃] 쌍

□ 1,000 mille [mil] 밀르 (1천)
□ 10,000 dix mille [dimil] 디밀르 (1만)
□ 100,000 cent mille [sɑ̃mil] 쌍밀르 (10만)
□ 1,000,000 million [miljɔ̃] 밀리옹 (백만)
□ 10,000,000 dix millions [dimiljɔ̃] 디밀리옹 (천만)

□ 0.3 zéro virgule trois [zeʀo viʀgyl tʀwɑ] 제호 비흐귈 트후와
□ 1/5 un cinquième [œ̃ sɛ̃kjɛm] 앵 쌩끼엠므
□ 70% soixante-dix pourcent [swasɑ̃tdipuʀsɑ̃] 수와쌍뜨 디 뿌흐쌍

1 인간
2 가정
3 수
4 도시
5 교통
6 업무
7 쇼핑
8 스포츠·취미
9 지역

관련 단어

- **nombre impair** [nɔ̃ːbʀ ɛ̃pɛːʀ] 농브흐 앵빼흐 **m** 홀수
- **nombre pair** [nɔ̃ːbʀ pɛːʀ] 농브흐 빼흐 **m** 짝수
- **nombre ordinal** [nɔ̃ːbʀ ɔʀdinal] 농브흐 오흐디날 **m** 서수
- **nombre cardinal** [nɔ̃ːbʀ kaʀdinal] 농브흐 꺄흐디날 **m** 기수
- **fraction** [fʀaksjɔ̃] 프학씨옹 **f** 분수
- **être plus grand que** [ɛtʀ ply(s) gʀɑ̃ k(ə)]
  에트흐 쁠뤼 그항(드) 끄 ~보다 크다
- **être plus petit que** [ɛtʀ ply(s) pəti k(ə)]
  에트흐 쁠뤼 쁘띠(뜨) 끄 ~보다 작다
- **égaler** [egale] 에걀레 ~와 같다
- **ne pas égaler** [n(ə) pa egale] 느 빠 에걀레 ~와 같지 않다
- **compter** [kɔ̃te] 꽁떼 세다
- **calculer** [kalkyle] 깔뀔레 계산하다
- **deux fois** [dø fwa] 되 푸와 **n** 두 배
- **moyenne** [mwajɛn] 무와옌느 **f** 평균

A: Je peux avoir ton numéro de téléphone?

쥬 쁘 아부와흐 똥 뉘메호 드 뗄레폰느?

네 전화번호 좀 가르쳐 줄래?

B: Bien sûr, zéro neuf quatre-vingt-deux-deux cent cinquante-quatre vingt soixante trois.

비앙 쉬흐, 제호 뇌프 까트흐-뱅-되-되 쌍 쌩깡뜨-까트흐 뱅 수와쌍뜨 트후와.

응, 0982-250-463이야.

- -

A: Zut! Je n'ai plus de crayon. Tu peut m'en prêter un?

쥐뜨! 쥬 네 쁠뤼 드 크헤이옹. 뛰 쁘 망 프헤떼 엥?

이런, 연필이 없네. (그것) 좀 빌려줄 수 있니?

B: Bien sûr. J'en ai trois. Tiens!

비엥 쉬흐, 쟈 네 트후와, 티엥!

그렇게. 난 세 자루나 있거든. 자, 여기 있어.

calcul 깔뀔 계산

□ largeur [laʀʒœːʀ]
라흐줴흐 f 가로

□ longueur [lɔ̃gœːʀ]
롱궤흐 f 세로

□ distance [distɑ̃ːs]
디스땅스 f 거리

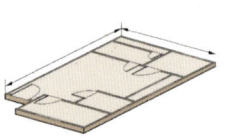

□ étendue [etɑ̃dy]
에땅뒤 f 넓이, 면적

□ profondeur
[pʀɔfɔ̃dœːʀ] 프호풍되흐
f 깊이

□ hauteur [otœːʀ]
오뙤흐 f 높이

□ poids [pwa[ɑ]]
뿌와 m 무게

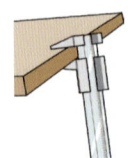

□ épaisseur
[epɛsœːʀ] 에뻬쉐흐
f 두께

□ volume [vɔlym]
볼륌므 m 부피

□ vitesse [vitɛs] 비떼스
f 속도

70

관련 단어

- □ **grandeur** [grɑ̃dœːʀ] 그항뒈흐 f 크기
- □ **mesure** [məzyːʀ] 므쥐흐 f 넓이, 치수
- □ **addition** [adisjɔ̃] 아디시옹 f 덧셈
- □ **soustraction** [sustʀaksjɔ̃] 수스트학씨옹 f 뺄셈
- □ **multiplication** [myltiplikasjɔ̃] 뮐띠쁠리까씨옹 f 곱셈
- □ **division** [divizjɔ̃] 디비지옹 f 나눗셈
- □ **mètre** [mɛtʀ] 메트흐 m 미터(m)
- □ **mètre carré** [mɛtʀ ka[ɑ]ʀe] 메트흐 까헤 m 평방미터, 제곱미터(m²)
- □ **gramme** [gʀam] 그람 m 그램(g)
- □ **tonne** [tɔn] 톤느 f 톤(t)
- □ **litre** [litʀ] 리트흐 m 리터(ℓ)
- □ **mile** [majl] 마일 m 마일(mile, 1mile은 약 1.6km)
- □ **millimètre** [mi(l)limɛtʀ] 밀리메트흐 m 밀리미터(mm)
- □ **centimètre** [sɑ̃timɛtʀ] 쌍티메트흐 m 센티미터(cm)
- □ **kilomètre** [kilɔmɛtʀ] 낄로메트흐 m 킬로미터(km)

Dialogue

A: Quelle est la profondeur de cette fleuve?
껠 레 라 프호퐁되흐 드 쎄뜨 플뢰브?
저 강물 깊이는 얼마나 될까?

B: Elle fait peut-être plus de 10 mètres de profondeur.
엘 페 삐테트흐 쁠뤼 드 디 메트흐 드 프호퐁되흐.
아마 10미터는 넘을 거야.

figure 피귀흐 **도형**

□ **rond** [ʀɔ̃] 홍 m 원
Mon visage est rond.
몽 비자쥬 에 홍.
내 얼굴은 동그랗다.

□ **triangle** [tʀijɑ̃:gl] 트히앙글르
m 삼각형
Le triangle est um polygone qui
a trois côtés.
르 트히앙글르 에 앵 뽈리곤 끼 아 트후아 꼬떼.
삼각형은 세 변을 이어 만든 다각형이다.

□ **carré** [ka[ɑ]ʀe] 까헤 m 정사각형
Le carré a quatre côtés égaux.
르 꺄헤 아 꺄트흐 꼬떼 에고.
정사각형은 네 변의 길이가 같다.

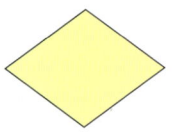

□ **losange** [lɔzɑ̃:ʒ]
로장쥬 m 마름모

□ **rectangle** [ʀɛktɑ̃:gl]
헥땅글르 m 직사각형

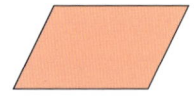

□ **parallélogramme**
[paʀa(l)lelɔgʀam] 빠할레로그함ㅁ
m 평행사변형

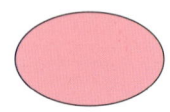

□ **ovale** [ɔval] 오발르
m 타원형

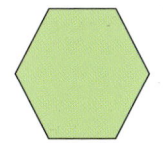

□ **hexagone** [ɛgzagɔn]
에그자곤 m 육각형

La ruche est un hexagonale.
라 휘슈 에 떵 네그자고날.
벌집은 육각형이다.

□ **pentagone** [pɛ̃tagɔn]
빵따곤 m 오각형

□ **sphère** [sfɛːʀ] 스페흐 f 구

La terre sur laquelle on vit
est sphérique.
라 떼흐 쉬흐 라껠 옹 비 에 스페히끄.
우리가 사는 지구는 구형이다.

□ **cube** [kyb] 뀌브
m 정육면체

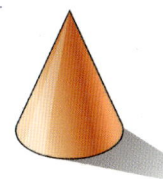

□ **cône** [koːn] 꼰느
m 원추형

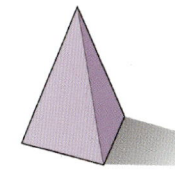

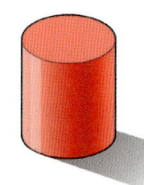

□ **pyramide** [piʀamid]
삐하미드 f 각뿔

□ **cylindre** [silɛ̃ːdʀ]
씰랭드흐 m 원기둥

1 인간
2 가정
3 수
4 도시
5 교통
6 업무
7 쇼핑
8 스포츠·취미
9 자연

calendrier 깔랑드히에 **달력**

saison 쎄종 **계절**

□ **printemps** [pRɛ̃tã] 프행땅 m 봄

□ **été** [ete]에떼 m 여름

□ **hiver** [iveːʀ] 이베흐 m 겨울

□ **automne** [ɔ[o]tɔn] 오뜬느 m 가을

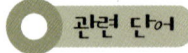 **관련 단어**

□ **quatre saisons** [katʀ sɛzɔ̃] 꺄트흐 쎄종 fpl 사계절

1 인간

2 가정

3 수

4 도시

5 교통

6 업무

7 쇼핑

8 스포츠 취미

9 지역

mois 무아 월

- □ janvier [ʒɑ̃vje] 장비에 1월
- □ février [fevʀije] 페브히에 2월
- □ mars [maʀs] 마흐스 3월
- □ avril [avʀil] 아브힐 4월
- □ mai [mɛ] 메 5월
- □ juin [ʒɥɛ̃] 쥬앵 6월
- □ juillet [ʒɥijɛ] 쥐이에 7월
- □ août [u(t)] 우뜨 8월
- □ septembre [sɛptɑ̃:bʀ] 셉땅브흐 9월
- □ octobre [ɔktɔbʀ] 옥또브흐 10월
- □ novembre [nɔvɑ̃:bʀ] 노방브흐 11월
- □ décembre [desɑ̃:bʀ] 데상브흐 12월

Dialogue

A: Quelle saison aimez-vous?
　　껠 쎄종 에메-부?
　　무슨 계절을 좋아하세요?

B: J'aime l'automne.
　　쥄므 로똔느.
　　가을을 좋아해요.

A: Ah bon? Moi aussi.
　　아 봉? 무아 오씨.
　　그래요? 저도 그래요.

75

jours spéciaux 쥬흐 스뻬시오 **특별한 날**

☐ **anniversaire de la Révolution** [anivɛRsɛ:R də la Rɛvɔlysjɔ̃]
아니베흐쎄흐 들 라 헤볼뤼씨옹 m **혁명기념일**

Le 14 juillet est l'anniversaire de la Révolution.
르 꺄또흐즈 쥐이에 에 라니베흐쎄흐 들 라 헤볼뤼씨옹.
7월 14일은 혁명기념일이다.

☐ **la Toussaint** [latusɛ̃] 라 뚜쌩 f **만성절**
Le premier novembre c'est la Toussaint.
르 프흐미에 노방브흐 쎄 라 뚜쌩.
11월 1일은 만성절이다.

☐ **Noël** [nɔɛl] 노엘 m **크리스마스**
On va se voir demain, poun le réveillon.
옹 바 스 부와흐 드맹, 뿌흐 르 헤베이용.
우리 내일 크리스마스 이브에 만나자.

☐ **anniversaire**
[anivɛRsɛ:R] 아니베흐세흐
m **생일**

☐ **Saint-Valentin** [sɛ̃-valɑ̃tɛ̃]
생 발랑땡 m **밸런타인데이**

1 인간

2 가정

3 수

4 도시

5 교통

6 업무

7 쇼핑

8 스포츠·취미

9 자연

관련 단어

□ **fête** [fɛt] 페뜨 **f** 명절, 기념일

□ **jour de l'an lunaire** [ʒuːʀ də la lynɛːʀ] 쥬흐 들 랑 뤼네흐
　m 설날, 새해

□ **fête des Pères** [fɛt de pɛːʀ] 페뜨 데 뻬흐
　f 아버지의 날(매년 6월 셋째 주 일요일)

□ **fête des Mères** [fɛt de mɛːʀ] 페뜨 데 메흐
　f 어머니의 날(매년 5월 넷째 주 or 6월 첫째주 일요일)

□ **soixante-dix ans** [swasɑ̃ːtdizɑ̃] 수와쌍드디장 **mpl** 칠순, 고희

jour de la semaine 쥬흐 들 라 스멘느 요일

□ **dimanche** [dimɑ̃ːʃ] 디망슈 **m** 일요일

□ **lundi** [lœ̃di] 룅디 **m** 월요일

□ **mardi** [maʀdi] 마흐디 **m** 화요일

□ **mercredi** [mɛʀkʀədi] 메흐크흐디 **m** 수요일

□ **jeudi** [ʒødi] 죄디 **m** 목요일

□ **vendredi** [vɑ̃dʀədi] 방드흐디 **m** 금요일

□ **samedi** [samdi] 쌈디 **m** 토요일

 **Unit 05**

temps 땅 시간

□ **heure** [œːʀ] ---→ □ **minute** [minyt] ---→ □ **seconde**
웨흐 f 시   미뉘뜨 f 분   [s(ə)gɔ̃ːd] 스공드
                                                  f 초

□ **aube** [oːb]   □ **midi** [midi] 미디
오브 f 새벽   m 정오

           □ **matin** [matɛ̃] 마땡
                   m 아침

          C'est un matin
          radieux et frais.
          쎄 떵 마땡 하디외 에 프헤.
          햇살이 눈부신 상쾌한 아침이야.

□ **pleine nuit**
[plɛn nɥi] 쁠렌느 뉘
f 한밤중, 심야

                             □ **jour** [ʒuːʀ] 쥬흐
                             m 낮

                             □ **après-midi** [apʀemidi]
                             아프헤-미디 m 오후

□ **nuit** [nɥi] 뉘 f 밤

                □ **soir** [swaːʀ] 수와흐
                m 저녁

                Ce soir, j'ai un rendez-vous avec mon ami.
                쓰 수와흐, 줴 엥 항데부 아베끄 모 나미.
                오늘 저녁에 친구와 만나기로 했다.

1 인간

2 가정

3 수

4 도시

5 교통

6 업무

7 쇼핑

8 스포츠·취미

9 자연

□ **avant-hier** [avɑ̃tjɛːʀ] 아방띠에흐 그저께

Avant-hier, mon père et ma mère sont partis faire un voyage en France.
아방띠에흐, 몽 뻬흐 에 마 메흐 쏭 빠흐띠 페흐 엥 부와야쥬 앙 프항스.
이빠와 엄마는 그저께 프랑스로 여행을 가셨어요.

□ **hier** [jɛːʀ] 이에흐
어제

□ **aujourd'hui**
[oʒuʀdɥi] 오쥬흐디
오늘

□ **demain** [dəmɛ̃]
드맹 내일

□ **après-demain** [apʀɛdmɛ̃] 아프헤-드맹 모레

Après-demain, c'est le jour du mariage de ma sœur.
아프헤-드맹, 쎌 르 쥬흐 뒤 마히아쥬 드 마 쐬흐.
모레는 언니가 결혼하는 날이다.

관련 단어

□ **date** [dat] 다뜨 f 날짜
□ **semaine** [s(ə)mɛn] 스멘느 f 평일
□ **week-end** [wikɛnd] 위껜드 m 주말
□ **siècle** [sjɛkl] 시에끌르 m 세기
□ **passé** [pɑse] 빠쎄 m 과거
□ **présent** [pʀezɑ̃] 프헤장 m 현재
□ **futur** [fytyːʀ] 퓌뛰흐 m 미래

□ **maintenant** [mɛ̃tnɑ̃] 맹뜨낭 지금

□ **plus tard** [ply(s) taːʀ] 쁠뤼 따흐 나중에

□ **instant** [ɛ̃stɑ̃] 앵스땅 ⓜ 순간, 방금

□ **désormais** [dezɔʀmɛ] 데조흐메 이제부터

□ **continuellement** [kɔ̃tinɥelmɑ̃] 꽁띠뉘엘르망 계속, 줄곧

□ **quelquefois** [kɛlkəfwa] 껠끄푸와 때때로, 이따금

□ **parfois** [paʀfwa] 빠흐푸와 가끔

□ **premier(ère)** [pʀəmje,-ɛːʀ] 프흐미에(흐) ⓝ 제1, 최초, 첫(번)째

□ **début** [deby] 데뷔 ⓜ 처음, 최초, 맨 먼저

□ **fin** [fɛ̃] 팽 ⨍ 마지막

□ **semaine dernière** [s(ə)mɛn dɛʀnjeːʀ] 스멘 데흐니에흐
　 ⨍ 지난주

□ **cette semaine** [set s(ə)mɛn] 쎄뜨 스멘ㄴ ⨍ 이번 주

□ **semaine prochaine** [s(ə)mɛn pʀɔʃɛːn] 스멘ㄴ 프호쉔ㄴ ⨍ 다음 주

　　　□ **tous les jours** [tuleʒuːʀ] 뚜 레 쥬흐
　　　　 mpl 매일

　　　□ **toutes les semaines** [tut le s(ə)mɛn]
　　　　 뚜뜨 레 스멘ㄴ fpl 매주

　　　□ **tous les mois** [tulemwa[ɑ]] 뚜 레 므와 mpl 매월

　　　□ **tous les ans** [tulezɑ̃] 뚜 레 장 ⓜ 매년

80

□ **quatre heures du matin** [katʀœːʀ dy matɛ̃]
꺄트회흐 뒤 마땅 n 오전 4시

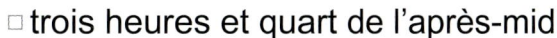

□ **trois heures et quart de l'après-midi**
[tʀwɑ zœːʀ e kaːʀ də lapʀemidi] 트후와 쥐흐 에 꺄흐 들 라프헤미디

n 오후 3시 15분

□ **2:30 deux heures et demie** [dø zœːʀ e dəmi] n 되 쥐흐 에 드미 2시 반

□ **9:05 neuf heures cinq** [nœvœːʀ sɛ̃(ː)k] 네뵈흐 쌩끄 n 9시 5분

□ **3:45 trois heures quarante-cinq** [tʀwɑzœːʀ kaʀɑ̃ːt sɛ̃(ː)k]
트후와 쥐흐 꺄항뜨 쌩끄 n 3시 45분

□ **4:15 quatre heures et quart** [katʀœːʀ e kaːʀ]

꺄트회흐 에 꺄흐 n 4시 15분

Dialogue

A: **Sors avec moi samedi.**
쏘흐 아베끄 무와 쌈디.
토요일에 나랑 같이 놀러 가요.

B: **Vraiment? Ce sera amusant!**
브해망? 스 스하 아뮈장!
정말요? 재미있겠네요!

A: **Quand vais-je te prendre?**
깡 베 쥬 뜨 프항드흐?
언제 데리러 갈까요?

B: **Vers dix heures du matin.**
베흐 디죄흐 뒤 마땅.
오전 10시쯤 와 주세요.

1 인간
2 가정
3 수
4 도시
5 교통
6 업무
7 쇼핑
8 스포츠·취미
9 자연

연습문제 Exercices

1 다음 숫자를 프랑스어로 써보세요.

a) 14 ____________________ b) 67 ____________________

c) 134 ____________________ d) 2233 ____________________

2 다음 단어의 뜻을 써 보세요.

a) étendue ________________

b) poids ________________

c) distance ________________

d) hauteur ________________

3 다음 그림과 단어를 연결해 보세요.

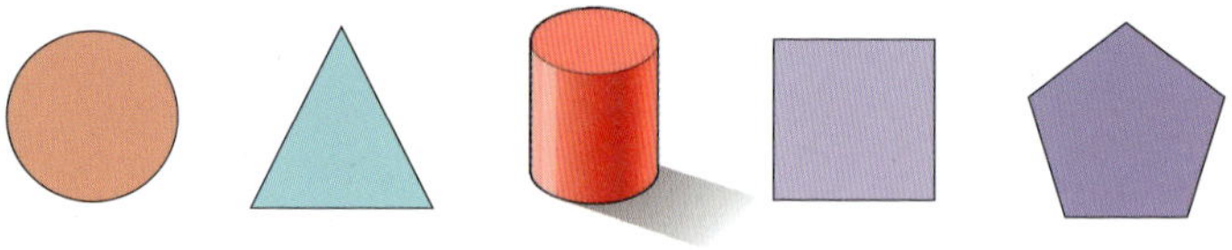

pentagone carré triangle rond cylindre

4 다음 빈칸에 알맞은 프랑스어를 써넣어 보세요.

a) 겨울은 12월에서 2월까지이다.

Hiver est du ________________ au ________________.

b) 수요일 ____________ 토요일 ____________

c) 어제 ______________ 오늘 ______________ 내일 ____________

d) 아침 ______________ 정오 ______________ 오후 ____________

저녁 ＿＿＿＿＿＿ 밤 ＿＿＿＿＿＿

e) 지금 ＿＿＿＿＿＿ 나중에 ＿＿＿＿＿＿

매일 ＿＿＿＿＿＿

5 다음 시간을 프랑스어로 써보세요.

a) 2:15 ＿＿＿＿＿＿＿＿

b) 2시 8분 전 ＿＿＿＿＿＿＿＿

c) 8시 정각 ＿＿＿＿＿＿＿＿

d) 9시 반 ＿＿＿＿＿＿＿＿

 정답

1 a) quatorze   b) soixante-sept   c) cent trente-quatre
   d) deux mille deux cent trente-trois
2 넓이   무게   거리   높이
3 원-rond   삼각형-triangle   원기둥-cylindre
   사각형-carré   오각형-pentagone
4 a) décembre   février
   b) mercredi   samedi
   c) hier   aujourd'hui   demain
   d) matin   midi   après-midi   soir   nuit
   e) maintenant   plus tard   tous les jours
5 a) deux heures et quart   b) deux heures moins le huit
   c) huit heures juste   d) neuf heures et demie

THEMATIC FRENCH WORDS

Theme 4

➜ ville 빌르 도시

1 인간

2 가정

3 수

4 도시

5 교통

6 업무

7 쇼핑

8 스포츠·취미

9 자연

centre-ville 상트흐-빌르 시내

□ **appartement** [apaʀtəmɑ̃]
아빠흐뜨망 m 아파트

□ **commissariat de police**
[kɔmisaʀja də pɔlis] 꼬미싸히아 드 뽈리스
m 경찰서

□ **école** [ekɔl] 에꼴르 f 학교
Tu vas arriver en retard à l'école,
lève-toi!
뛰 바 아히베 앙 흐따흐 아 레꼴르, 레프-뚜와!
학교에 지각하겠다, 빨리 일어나!

□ **bibliothèque** [biblijɔtek]
비블리오떼끄 f 도서관

□ **cinéma** [sinema] 씨네마
m 영화관

□ **panneau**
[pano] 빠노
m 간판

□ **grand magasin** [gʀɑ̃ magazɛ̃]
그항 마가쟁 m 백화점

C'est un grand magasin tout
neuf.
쎄 엥 그항 마가쟁 뚜 뇌프.
저게 새로 짓는 백화점 건물이래.

□ **boutique** [butik] 부띠끄 f 가게

86

□ **hôpital** [ɔ[o]pital] 오삐딸 m 병원

J'ai très mal à la gorge. Il faut que
j'aille à l'hôpital.
쉐 트헤 말 알 라 고흐쥬. 일 포 끄 쟈이으 아 로삐딸.
목이 너무 아파. 병원에 가 봐야 해.

□ **bureau de poste**
[byʁo də pɔst] 뷔호 드 뽀스뜨
m 우체국

□ **pharmacie** [faʁmasi] 파흐마씨 f 약국

관련 단어

□ **grand immeuble** [gʁɑ̃ i(m)mœbl] 그항 띠뫼블르 m 고층 건물

□ **immeuble** [i(m)mœbl] 이뫼블르 m 빌딩

□ **musée** [myze] 뮈제 m 박물관

□ **musée d'art** [myze daːʁ] 뮈제 다흐 m 미술관

□ **usine** [yzin] 위진느 f 공장

□ **librairie** [libʁɛ[e]ʁi] 리브헤히 f 서점

□ **magasin d'électroménager** [magazɛ̃ delɛktʁɔmenaʒe]
마가쟁 델렉트호메나제 m 전자 상가

□ **gare** [gaːʁ] 갸흐 f 기차역

□ **passerelle** [pɑsʁɛl] 빠스헬르 f 육교

□ **alignement d'arbre** [aʁbʁ daliɲmɑ̃] 알리뉴망 다흐브흐 m 가로수

□ **affiche** [afiʃ] 아피슈 f 포스터

1 인간
2 가정
3 수
4 도시
5 교통
6 업무
7 쇼핑
8 스포츠·취미
9 자연

bureau de poste 뷔호 드 뽀스뜨 우체국

□ **postier(ère)** [pɔstje, -ɛːʀ]
뽀스띠에(흐) ⓜ 우체국 직원

Le postier du guichet trois a
réceptionné mon colis.
르 뽀스띠에 뒤 기쉐 트후와 아 헤쎕시오네 몽 꼴리.
3번 창구의 우체국 직원이 내 소포를 접수했다.

□ **facteur(trice)** [faktœːʀ, -tʀis]
팍뙤흐(트히스) ⓜ 집배원

Ce facteur arrive à l'heure
habituelle.
스 팍뙤흐 아히브 아 뤠흐 아비뛰엘.
그 집배원은 거의 같은 시간에 도착한다.

□ **lettre** [lɛtʀ] 레트흐
ⓕ 편지

□ **timbre** [tɛ̃ːbʀ]
땡브흐 ⓜ 우표

□ **boîte aux lettres**
[bwat o lɛtʀ] 부와뜨 오 레트흐
ⓕ 우체통

□ **code postal**
[kɔd pɔstal] 꼬드 뽀스딸
ⓜ 우편번호

□ **enveloppe** [ɑ̃vlɔp]
앙블롭쁘 ⓕ 편지 봉투

□ **fragile** [fʀaʒil]
프하질르 (취급) 주의

1 인간

2 가정

3 수

4 도시

5 교통

6 업무

7 쇼핑

8 스포츠·취미

9 자연

관련 단어

□ **guichet** [giʃɛ] 기쉐 m (~번) 창구

□ **pèse-lettre** [pɛzlɛtʀ] 뻬즈 레트흐 m 저울

□ **tarif postal** [taʀif pɔstal] 따히프 뽀스딸 m 우편 요금

□ **adresse** [adʀɛs] 아드헤스 f 주소

□ **cachet** [kaʃɛ] 까쉐 m 소인

□ **envoi** [ãvwa] 앙부와 m 발송

□ **colis** [kɔli] 꼴리 m 소포

□ **recommandation** [ʀəkɔmãdasjõ] 흐꼬망다씨옹 f 등기

□ **livraison express** [livʀɛzõ ɛkspʀɛs] 리브헤종 엑스프헤스 f 속달

Dialogue

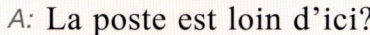

A: La poste est loin d'ici?
라 뽀스뜨 에 루앵 디씨?
우체국이 여기서 멀리 있나요?

B: Très proche. Vous pouvez y aller à pied.
트헤 프호슈. 부 뿌베 이 알레 아 삐예.
아주 가까워요. 걸어서 갈 수 있어요.

A: Il faut combien de temps pour marcher là-bas?
일 포 꽁비앙 드 땅 뿌흐 마흐쉐 라 바?
걸어서 얼마나 걸리나요?

B: Environ deux minutes.
앙비홍 되 미뉘뜨.
2분 정도요.

A: Merci!
메흐씨!
고맙습니다.

89

Unit 03

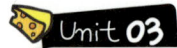

hôpital 오삐딸 병원

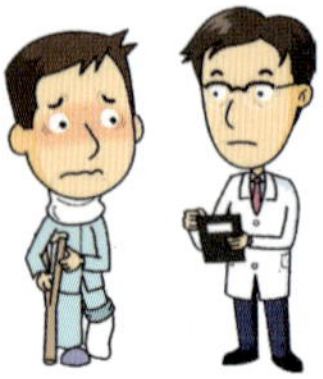

□ **chirurgie** [ʃiʀyʀʒi] 쉬휘흐지 f 외과

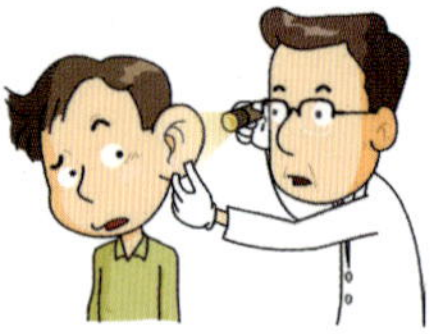

□ **oto-rhino-laryngologie** [ɔtɔʀinɔlaʀɛ̃gɔlɔʒi] 오또히노라행골로지 f 이비인후과

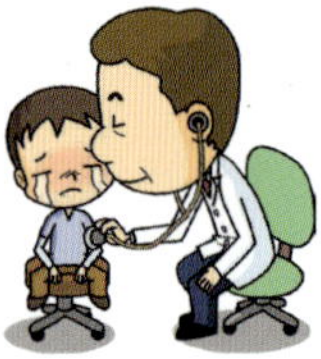

□ **pédiatrie** [pedjatʀi] 뻬디아트히 f 소아과

Comme mon bébé avait de la fièvre, je suis allé avec lui chez le pédiatre.
꼼므 몽 베베 아베 들 라 피에브흐, 쥬 쉬 잘레 아베끄 뤼 쉘 르 뻬디아트르.
아이가 열이 나서 소아과에 갔었다.

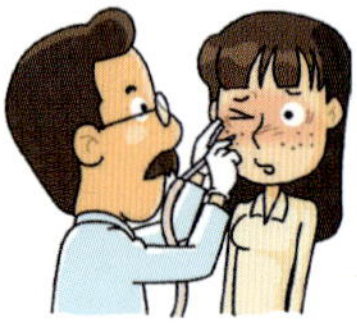

□ **dermatologie** [dɛʀmatɔlɔʒi] 데흐마똘로지 f 피부과

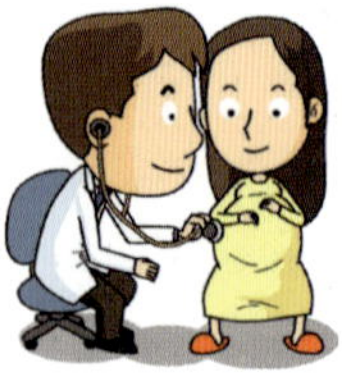

□ **gynécologie** [ʒinekɔlɔʒi] 지네꼴로지 f 산부인과

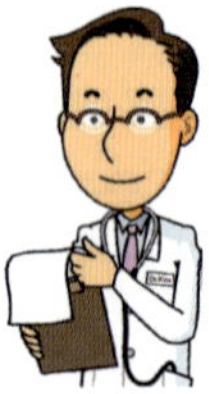

□ **médecin** [mɛdsɛ̃] 메드쌩 m 의사

Il ne faut pas que vous négligiez ce que le médecin vous a dit : prenez du repos!
일 느 포 빠 끄 부 네글리지에 스 끄 르 메드쌩 부 자 디 : 프르네 뒤 호뽀!
의사의 말을 무시하지 말고 안정을 취하세요.

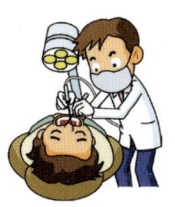

□ **dentiste** [dɑ̃tist] 당띠스트
ⁿ 치과 의사

□ **psychiatre** [psikjatʀ] 쁘시끼아트흐
ⁿ 정신과 의사

□ **béquille** [bekij] 베끼으 f 목발
Tu dois utiliser des béquilles
pendant un mois.
뛰 두아 위띨리제 데 베키으 빵당 엥 무와.
앞으로 한달 동안은 목발을 짚고 다녀야 한대.

□ **infirmier(ère)** [ɛ̃fiʀmje, -ɛːʀ]
앵피흐미에(흐) ⁿ 간호사

L'infirmière a appelé mon
nom.
랭피흐미에흐 아 아쁠레 모 농.
간호사가 내 이름을 불렀다.

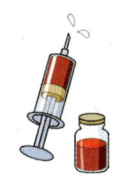

□ **injecter** [ɛ̃ʒɛkte]
앵젝떼 주사를 놓다(맞다)

□ **thermomètre (médical)**
[tɛʀmɔmɛtʀ medikal]
떼흐모메트흐 (메디깔) m 체온계

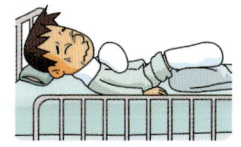

□ **plâtre** [plɑːtʀ] 쁠라트흐 m 깁스

1 인간
2 가정
3 수
4 도시
5 교통
6 업무
7 쇼핑
8 스포츠·취미
9 자연

관련 단어

- **médecine interne** [mɛdsin ɛ̃tɛʀn] 메드씬느 앵떼흔느 **f** 내과
- **urologie** [yʀɔlɔʒi] 위홀로지 **f** 비뇨기과
- **chirurgie réparatrice** [ʃiʀyʀʒi ʀepaʀatœːʀ] 쉬휘흐지 헤빠하트히스 **f** 정형외과
- **chirurgie esthétique** [ʃiʀyʀʒi ɛstetik] 쉬휘흐지 에스떼띠끄 **f** 성형외과
- **ophtalmologie** [ɔftalmɔlɔʒi] 오프딸몰로지 **f** 안과
- **ambulance** [ɑ̃bylɑ̃ːs] 앙뷜랑스 **f** 구급차
- **secouriste** [s(ə)kuʀist] 스꾸히스뜨 **n** 응급 구조 요원
- **patient(e)** [pasjɑ̃,-ɑ̃ːt] 빠씨앙(뜨) **n** 환자
- **examiner** [ɛgzamine] 에그자미네 진찰하다(받다)
- **guérir** [geʀiːʀ] 게히흐 회복되다
- **désinfecter** [dezɛ̃fɛkte] 데젱펙떼 소독하다
- **opérer** [ɔpeʀe] 오뻬헤 수술하다
- **recevoir une perfusion** [ʀəsvwaːʀ yn pɛʀfyzjɔ̃] 흐스부와흐 윈느 뻬흐퓌지옹 링거주사를 맞다
- **certificat médical** [sɛʀtifika medikal] 세흐띠피까 메디깔 **m** 진단서
- **ordonnance** [ɔʀdɔnɑ̃ːs] 오흐도낭스 **f** 처방전
- **examen médical** [ɛgzamɛ̃ medikal] 에그자멩 메디깔 **m** 건강 진단
- **fauteuil roulant** [fotœj ʀulɑ̃] 포뙤이으 홀랑 **m** 휠체어

A: **Les Français font une chirurgie esthétique souvent?**
레 프항세 퐁 윈느 쉬휘흐지 에스떼띠끄 수방?
프랑스 사람들도 성형수술 많이 하니?

B: **Non, rarement.**
농, 하흐망
아니, 별로 많이 하지 않아.

A: **Ton amie que j'ai vue dernièrement, je pense qu'elle s'est fait refaire le nez.**
또 나미 끄 줴 뷔 데흐니에흐망, 쥬 빵스 껠 쎄 페 흐페흐 르 네.
지난번에 본 네 친구 코 수술한 거 같던데?

B: **C'est vrai, ses fossettes aussi.**
쎄 브해, 쎄 포쎄뜨 오씨.
응, 걔는 보조개 수술까지 했어.

1 인간
2 가정
3 수
4 도시
5 교통
6 업무
7 쇼핑
8 스포츠·취미
9 자연

pharmacie 파흐마씨 약국

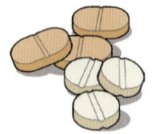

□ **comprimé** [kɔ̃pʀime] 꽁프히메 **m** 알약

Un comprimé c'est relativement facile à prendre.

응 꽁프히메 쎄 흘라띠브망 파씰 아 프항드흐.

알약은 비교적 먹기 편해요.

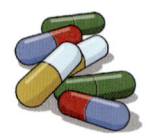

□ **capsule** [kapsyl]

깝쉴르 **f** 캡슐

□ **sirop** [siʀo] 씨로 **m** 물약

Prenez deux cuillers de ce sirop à la fois.

프흐네 되 뀌이에흐 드 스 씨로 알 라 푸아.

이 물약은 한 번에 두 스푼씩 먹이세요.

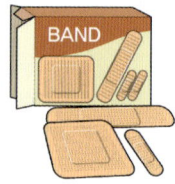

□ **pansement adhésif**
[pɑ̃smɑ̃ adezif] 빵스망 아데지프

m 일회용 밴드

□ **pommade** [pɔmad] 뽀마드 **f** 연고

Appliquez régulièrement de la pommade sur la blessure.

아쁠리께 헤귈리에흐망 들 라 뽀마드 쉬흐 라 블레쉬흐.

상처에 꾸준히 연고를 발라 주세요.

□ **gaze** [gɑːz] 가즈
f 거즈

1 인간
2 가정
3 수
4 도시
5 교통
6 업무
7 소핑
8 스포츠·취미
9 자연

□ **pharmacien(ne)** [faʀmasjɛ̃, -ɛn] 파흐마씨앙(엔느) n 약사

□ **effets secondaires** [efɛ s(ə)gɔ̃dɛːʀ] 에페 스공데흐 mpl 부작용

□ **anti-inflammatoire** [ɑ̃tiɛ̃flamatwaːʀ] 앙띠앵플라마뚜와흐 m 소염제

□ **médicament contre la diarrhée** [medikamɑ̃ kɔ̃(ː)tʀ la djaʀe]
메디꺄망 꽁트흐 라 디아헤 m 설사약, 지사제

□ **serviette hygiénique** [sɛʀvjɛt iʒjenik] 세흐비에뜨 이지에니끄
f 생리대

□ **sérum physiologique** [seʀɔm fizjɔlɔʒik] 세홈 피지올로지끄
m 생리 식염수

□ **médicament à usage interne** [medikamɑ̃ a yzaːʒ ɛ̃tɛʀn]
메디꺄망 아 위자쥬 앵떼흔느 m 내복약

□ **suppositoire** [sypozitwaːʀ] 쉬뽀지뚜와흐 m 좌약

□ **somnifère** [sɔmnifeːʀ] 쏨니페흐 m 수면제

□ **calmant** [kalmɑ̃] 꺌망 m 진통제

□ **bande** [bɑ̃ːd] 방드 f 붕대

Dialogue

A: Ce calmant, s'il vous plaît.
쓰 꺌망, 씰 부 쁠레.
이 진통제 좀 주세요.

B: Pour l'acheter, il vous faudrait une
ordonnance.
뿌르 라슈떼, 일 부 포드헤 윈느 오흐도낭스.
이 약을 사시려면, 의사의 처방전이 필요해요.

95

maladie 말라디 **질병**

□ **être pris de frissons** [εtʀ pʀi də fʀisɔ̃]
에트흐 프히 드 프히쏭 **오한이 들다**

□ **vomir** [vɔ[o]miːʀ]
보미흐 **구토하다**

□ **mal de tête** [mal də tɛt]
말 드 떼뜨 m **두통**

Je ne supporte plus ce
mal de tête.
쥬 느 쉬뽀흐뜨 쁠뤼 쓰 말 드 떼뜨.
이 두통을 더 이상 참을 수 없다.

□ **avoir de la fièvre** [avwaːʀ də la fjɛːvʀ]
아부와흐 들 라 피에브흐 **열이 나다**

□ **s'enrhumer** [sɑ̃ʀyme]
쌍휘메 **감기에 걸리다**

□ **grippe** [gʀip] 그히쁘 f **독감**
Il s'est absenté à cause de la
grippe.
일 쎄 땁상떼 아 꼬즈 드 라 그히쁘.
그는 오늘 독감으로 결근했습니다.

□ **avoir des haut-le-cœur**
[avwaːʀ de olkœːʀ] 아부와흐 데 올르꿰흐
구역질하다

96

□ **se brûler** [sə bʀyle]
스 브휠레 화상을 입다

□ **saignement de nez**
[sɛɲmɑ̃ də ne] 세뉴망 드 네
m 코피

□ **allergie** [alɛʀʒi] 알레흐지
f 알레르기 반응

□ **blessure** [blɛ[e]sy:ʀ] 블레쒸흐
f 상처

Si la blessure s'était
refermée….

씨 라 블레쒸흐 쎄떼 흐페흐메….
상처가 깨끗하게 이물었다면….

□ **ampoule** [ɑ̃pul] 앙뿔 f 물집
J'ai des ampoules aux pieds
pour mes chaussures neuves.

줴 데 장뿔 오 삐에 뿌흐 메 쇼쒸흐 뇌브.
새 신을 신었더니 발에 물집이 생겼다.

□ **dent cariée** [dɑ̃ kaʀje]
당 꺄히에 f 충치

Zut! J'ai une dent cariée de
plus.
쥐뜨! 줴 윈느 당 꺄히에 드 쁠뤼스.
아이구, 충치가 또 하나 늘었네!

□ **hypertension** [ipɛʀtɑ̃sjɔ̃]
이뻬흐땅시옹 f 고혈압

1 인간
2 가정
3 수
4 도시
5 교통
6 업무
7 쇼핑
8 스포츠·취미
9 자연

Unit 05 maladie ▶ ▶ ▶

관련 단어

- □ **être malade** [ɛtʀ malad] 에트흐 말라드 **병이 나다**
- □ **microbe** [mikʀɔb] 미크호브 m **병균**
- □ **cancer** [kɑ̃sɛːʀ] 깡쎄흐 m **암**
- □ **diabète** [djabɛt] 디아베뜨 m **당뇨병**
- □ **hépatite** [epatit] 에빠띠뜨 f **간염**
- □ **obésité** [ɔbezite] 오베지떼 f **비만증**
- □ **anémie** [anemi] 아네미 f **빈혈**
- □ **migraine** [migʀɛn] 미그헨느 f **편두통**
- □ **lumbago** [lɔ̃bago] 룅바고 m **요통**
- □ **douleur abdominale** [dulœːʀ abdɔminal] 둘뢰흐 아브도미날 f **복통**
- □ **intoxication alimentaire** [ɛ̃tɔksikɑsjɔ̃ alimɑ̃tɛːʀ] 앵똑시까씨옹 알리망떼흐 f **식중독**
- □ **indigestion** [ɛ̃diʒɛstjɔ̃] 앵디제스띠옹 f **소화불량**
- □ **constipation** [kɔ̃stipɑsjɔ̃] 꽁스띠빠씨옹 f **변비**
- □ **grippe aviaire** [gʀip avjɛːʀ] 그히쁘 아비에흐 f **조류 독감, 조류 인플루엔자**
- □ **diarrhée** [djaʀe] 디아헤 f **설사**
- □ **saignement** [sɛɲmɑ̃] 쎄뉴망 m **출혈**
- □ **toux** [tu] 뚜 f **기침**
- □ **éternuement** [etɛʀnymɑ̃] 에떼흐뉘망 m **재채기**
- □ **être aveugle** [ɛtʀ avœgl] 에트흐 아뵈글르 **눈이 멀다**
- □ **être sourd** [ɛtʀ suːʀ] 에트흐 수흐 **귀가 들리지 않다**

98

A: **Ça va, votre anémie?**
싸 바 보트흐 아네미?
당신 빈혈 증세는 좀 어때요?

B: **Comme ci comme ça. Vous savez, ça ne guérit pas.**
꼼 씨 꼼 싸. 부 싸베, 싸 느 게리빠.
그저 그렇죠, 뭐. 금방 좋아질 리가 없잖아요.

A: **Vous devez prendre bien vos médicaments.**
부 드베 프항드흐 비엥 보 메디꺄망.
그러니 약 좀 잘 챙겨 먹어요.

B: **Je me soigne bien. Ne vous inquiétez pas!**
즈 므 스와뉴 비엥. 느 부 젱끼에떼 빠!
잘 먹고 있어요. 걱정하지 마세요!

1 인간
2 가정
3 수
4 도시
5 교통
6 업무
7 쇼핑
8 스포츠·취미
9 자연

banque 방끄 은행

□ **banquier(ère)** [bãkje, -ɛːʀ]
방끼에(흐) ⓜ 은행 직원

□ **policier(ère)** [pɔlisje, -ɛːʀ]
뽈리씨에(흐) ⓜ 경찰

□ **billet** [bijɛ]
비예 ⓜ 지폐

□ **monnaie** [mɔnɛ]
모네 f 동전

□ **somme** [sɔm]
쏨므 f 금액

□ **chèque** [ʃɛk] 쉐끄 ⓜ 수표
Je voudrais recevoir un
chèque.
쥬 부드헤 흐스부아흐 엥 쉐끄.
수표 한 장으로 받고 싶습니다.

□ **carte bleue** [kaʀt blø] 까흐뜨 블뢰
f 신용카드
J'ai perdu ma carte bleue.
줴 뻬흐뒤 마 까흐뜨 블뢰.
신용카드를 분실했어요.

□ ATM(=guichet automatique)
[giʃɛ ɔ[o]tɔmatik] 기쉐 오또마띠끄
ⓜ 현금 자동 입출금기, ATM

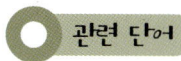

관련 단어

□ **facture** [avi də pɛmɑ̃] 팍뛰르 m 납부 통지서

□ **livre de caisse** [liːvʀ də kɛs] 리브흐 드 깨스 m 금전출납부

□ **prêt** [mɔ̃tɑ̃ dy pʀɛ] 프헤 m 대출금

□ **numéro de compte** [nymeʀo də kɔ̃t] 뉘메호 드 꽁뜨 m 계좌 번호

□ **carte de débit** [kaʀt də debi] 꺄흐뜨 드 데비 f 직불 카드

□ **code secret** [kɔd s(ə)kʀɛ] 꼬드 스크헤 m 비밀번호

□ **client(e)** [klijɑ̃, -ɑ̃ːt] 끌리앙(뜨) n 고객

□ **épargne** [epaʀɲ] 에빠흐뉴 f 저금, 예금

□ **compte** [kɔ̃ːt] 꽁뜨 m (예금) 통장

□ **signer** [siɲe] 씨녜 서명하다, 사인하다

□ **payer** [pɛ[e]je] 뻬이예 납부하다, 지불하다

□ **commission** [kɔmisjɔ̃] 꼬미씨옹 f 수수료

□ **guichet** [giʃɛ] 기쉐 m 업무 창구(~번)

□ **virement bancaire** [viʀmɑ̃ bɑ̃kɛːʀ] 비흐망 방깨흐 m 계좌 이체

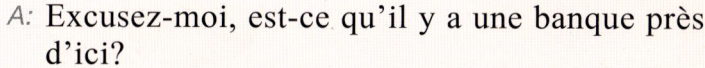

A: Excusez-moi, est-ce qu'il y a une banque près d'ici?

엑스뀌제 무아, 에스 낄 리 아 윈느 방끄 프헤 디씨?

저, 이 근처에 은행이 있나요?

B: Oui juste à côté du grand immeuble.

위 쥐스뜨 아 꼬떼 뒤 그항 띠뫼블르.

저기 큰 빌딩 바로 옆에 있어요.

A: Merci!

메흐씨!

고마워요!

1 인간

2 가정

3 수

4 도시

5 교통

6 업무

7 쇼핑

8 스포츠·취미

9 자연

fast-food 파스트푸드 **패스트푸드**

□ **frites** [fʀit] 프히뜨
fpl 감자튀김, 프렌치프라이

□ **hamburger**
[ɑ̃bu[œ]ʀɡœːʀ] 앙베흐괴흐
m 햄버거

□ **paille** [pɑːj]
빠이으 f 빨대

□ **coca** [kɔka]
꼬까 m 콜라

□ **hot-dog** [ɔtdɔɡ] 오뜨도그
m 핫도그

□ **beignet** [bɛɲɛ] 베녜 m 도넛

□ **poulet frit** [pulɛ fʀi] 뿔레 프히
m 프라이드치킨

Le poulet frit de ce restaurant est
délicieux.
르 뿔레 프히 드 스 헤스또항 에 델리시외.
이 집 프라이드치킨 참 맛있어.

□ **sandwich** [sɑ̃dwi(t)ʃ]
상드위치 m 샌드위치

J'aime les sandwichs au jambon.
젬므 레 상드위치 오 장봉.
나는 햄 샌드위치가 좋아요.

1 인간
2 가정
3 수
4 도시
5 교통
6 업무
7 쇼핑
8 스포츠·취미
9 자연

관련 단어

- ☐ **casse-croûte** [kɑskʀut] 꺄스-크후뜨 m 스낵, 분식
- ☐ **collation** [kɔ(l)lɑsjɔ̃] 꼴라씨옹 f 간식(거리)
- ☐ **pizza** [pidza] 핏자 f 피자
- ☐ **toast** [toːst] 또스트 m 토스트
- ☐ **boisson** [bwasɔ̃] 부와쏭 f 음료
- ☐ **milk-shake** [milkʃɛk] 밀끄셰끄 m 밀크셰이크
- ☐ **glace** [glas] 글라스 f 아이스크림
- ☐ **goût** [gu] 구 m 맛
- ☐ **être sucré(e)** [ɛtʀ sykʀe] 에트흐 쉬크헤 달콤하다
- ☐ **être délicieux(se)** [ɛtʀ delisjø, -øːz]
  에트흐 델리시외(즈) 무척 맛있다
- ☐ **plateau** [plato] 쁠라또 m 쟁반

Dialogue

A: **Vous désirez?**
부 데지헤?
무엇을 드릴까요?

B: **Deux menus cheeseburger, s'il vous plaît.**
되 므뉘 시스베흐게흐, 씰 부 쁠레.
치즈버거 세트 두 개 주세요.

A: **Sur place ou à emporter?**
쉬흐 쁠라스 우 아 앙뽀흐떼?
여기서 드실 건가요, 아니면 포장해 가시겠어요?

B: **Sur place.**
쉬흐 쁠라스.
먹고 갈 거예요.

103

restaurant 헤스또항 레스토랑

□ **steak** [stek] 스떼끄 m 스테이크

□ **salade** [salad] 쌀라드 f 샐러드

□ **spaghetti** [spagɛ(t)ti, spageti]
스파게띠 m 스파게티

Si on prenait des spaghetti pour déjeuner?
씨 옹 프흐네 데 스파게띠 뿌흐 데죄네?
오늘 점심으로 스파게티 어때?

□ **soupe** [sup] 수쁘 f 수프
J'aimerais manger de la soupe de légumes.
줴므헤 망제 들 라 수쁘 드 레귐므.
야채 수프가 먹고 싶어.

□ **riz au curry** [ʀi o kyʀi]
히 오 뀌히 m 카레라이스

Mon frère déteste le riz au curry.
몽 프헤흐 데떼스뜨 르 히 오 뀌히.
내 동생은 카레라이스를 싫어한다.

□ **plat de fruits de mer**
[pla də fʀɥi də mɛːʀ] 쁠라 드 프휘 드 메흐
m 해산물 요리

En France, il y a beaucoup de plats de fruits de mer.
앙 프항스, 일 리 아 보꾸 드 쁠라 드 프휘 드 메흐.
프랑스에는 해산물 요리가 많다.

104

1 인간

2 가정

3 수

4 도시

5 교통

6 업무

7 쇼핑

8 스포츠·취미

9 자연

관련 단어

- □ **plat** [pla] 쁠라 m 요리
- □ **commander un plat** [kɔmɑ̃de lə pla] 꼬망데 엥 쁠라
  요리를 주문하다
- □ **menu d'enfant** [məny dɑ̃fɑ̃] 므뉘 당팡 m 어린이 메뉴
- □ **entrée** [ɑ̃tʀe] 앙트헤 f 애피타이저
- □ **dessert** [desɛːʀ] 데쎄흐 m 디저트
- □ **barbecue** [baʀbəkju[ky]] 바흐브뀌 m 바비큐
- □ **escalope de porc frite** [eskalɔp də pɔːʀ fʀit]
  에스꺌롭쁘 드 뽀흐 프히뜨 m 포크커틀릿
- □ **omelette au riz** [ɔmlɛt o ʀi] 오믈레뜨 오 히 f 오므라이스
- □ **homard** [ɔmaːʀ] 오마흐 m 바닷가재
- □ **bien cuit** [bjɛ̃ kɥi] 비앙 뀌 웰던, 잘 익힌
- □ **à point** [a pwɛ̃] 아 뽀엥 미디엄, 중간 정도로 익힌
- □ **saignant** [sɛɲɑ̃] 쎈냥 레어, 살짝만 익힌
- □ **serviette** [sɛʀvjɛt] 쎄흐비에뜨 f 냅킨
- □ **addition** [adisjɔ̃] 아디씨옹 f 계산서

Dialogue

A: **Vous avez choisi?**
부 자베 슈아지?
주문하시겠어요?

B: **Nous allons prendre deux steaks.**
누 잘롱 프항드흐 되 스떼끄.
스테이크 2인분 주세요.

A: **Quelle cuisson pour la viande?**
껠 뀌쏭 뿌흐 라 비앙드?
스테이크는 어떻게 해드릴까요?

B: **À point, s'il vous plaît.**
아 뽀엥, 씰 부 쁠레.
미디엄으로 해주세요.

cuisine française 뀌진 프항쎄즈 **프랑스 요리**

□ **foie gras** [fwa gʀɑ] 푸와 그하
ⓜ 푸아그라 (프랑스의 대표적인 음식
중 하나인 거위간 요리)

□ **escargots** [ɛskaʀgo] 에스꺄흐고
ⓜ 에스카르고 (데친 달팽이에 마늘과 파
슬리·버터를 넣어 구운 음식)

□ **baguette** [baget]
바게뜨 ⓕ 바게트

□ **crêpe** [kʀɛp] 크헤쁘 ⓕ 크레이프

□ **croissant** [kʀwasɑ̃]
크후와쌍 ⓜ 크루아상

□ **soupe gratinée à l'oignon**
[sup gʀatine a l'ɔɲɔ̃] 수쁘 그하띠네 아 로뇽
ⓕ 오뇽 그라티네 수프 (냄비 국수와 비슷한 음
식으로 출출할 때 먹으면 좋다)

관련 단어

□ **huîtres pochées aux poireaux et safran**
[ɥitʀ pɔʃe o pwaʀo e safʀɑ̃] 위트흐 뽀쉐 오 뿌와호 에 사프항
fpl 파와 사프란(붓꽃과의 다년초)을 곁들인 굴 요리

□ **coq au vin** [kɔk o vɛ̃] 꼬꼬뱅 **m** 적포도주에 삶은 닭 요리

□ **gratin** [gʀatɛ̃] 그라땡 **m** 그라탱

□ **tournedos matignons** [tuʀnədo matiɲɔ̃] 뚜흐느도 마띠뇽
mpl 퐁드보 소스를 곁들인 안심 요리

□ **macaron** [makaʀɔ̃] 마까홍 **m** 마카롱(쿠키의 일종)

Dialogue

A: Que va-t-on manger?
  끄 바-똥 망제?
  우리 뭐 먹을까?

B: Euh, prenons du foie gras!
  으, 프흐농 뒤 푸와 그하!
  글쎄, 푸아그라나 먹자!

A: Bof, j'en ai marre, du foie gras.
  보프, 쟈네 마흐, 뒤 푸와 그하.
  거위간 요리는 너무 질렸어.

B: Bon. Alors tu commandes!
  봉. 알로흐 뛰 꼬망드!
  좋아. 그럼 네가 주문해!

1 인간
2 가정
3 수
4 도시
5 교통
6 업무
7 쇼핑
8 스포츠·취미
9 자연

bar 바흐 술집

□ **barman** [baʀman]
바흐만 m 바텐더

□ **cocktail** [kɔktɛl] 꼭뗄 m 칵테일
Ce cocktail, ce n'est pas à mon goût.
쓰 꼭뗄, 쓰 네 빠 자 몽 구.
칵테일은 내 취향에 맞지 않는다.

□ **avec des glaçons** [avɛk de glasɔ̃]
아베끄 데 글라쏭 온더록스

□ **vin** [vɛ̃] 뱅 m 와인
Mine de rien, le vin est un
alcool fort.
민느 드 히앙, 르 뱅 에 떵 알꼴 포흐.
와인은 은근히 독한 술이다.

□ **soda** [sɔda] 소다 m 소다수

□ **bière pression** [bjɛːʀ pʀɛsjɔ̃]
비에흐 프헤씨옹 f 생맥주

C'est bien de boire de la bière
pression en été quand il fait chaud.
쎄 비앙 드 부와흐 들 라 비에흐 프헤씨옹 아 네떼 깡
띨 페 쇼.
더운 여름엔 역시 생맥주야.

□ **amuse-gueule**
[amyzgœl] 아뮈즈-괼

m 안주

1 인간

2 가정

3 수

4 도시

5 교통

6 업무

7 쇼핑

8 스포츠 취미

9 지역

관련 단어

- □ **whisky** [wiski] 위스끼 m 위스키
- □ **rhum** [ʀɔm] 홈 m 럼
- □ **vodka** [vɔdka] 보드꺄 f 보드카
- □ **gin** [dʒin] 진 m 진
- □ **gin tonic** [dʒin tɔnik] 진 또닉 m 진토닉
- □ **bière** [bjɛːʀ] 비에흐 f 맥주
- □ **champagne** [ʃɑ̃paɲ] 샹빠뉴 f 샴페인
- □ **se soûler** [s(ə) sule] 스 술래 취하다
- □ **santé** [sɑ̃te] 쌍떼 f 건배 (본래 '건강'이라는 의미)

Dialogue

A: **On a trop bu.**
옹 나 트호 뷔.
우리 너무 많이 마신 거 같아.

B: **Pas du tout. Allons boire une bière de plus.**
빠 뒤 뚜. 알롱 부아흐 윈느 비에흐 드 쁠뤼스.
아니야, 맥주 한잔만 더 마시고 가자.

A: **Quoi? Regarle comme tu titubes!**
꾸아? 흐라흐드 꼼므 뒤 띠뛰브!
무슨 소리야? 비틀거리고 있는 거 봐!

hôtel 오뗄 호텔

□ **bâtiment principal**
[batimã prɛ̃sipal] 바띠망 프행씨빨

🔲 m 본관

□ **bâtiment annexe**
[batimã a(n)neks] 바띠망 아넥쓰

🔲 m 별관

□ **lobby** [lɔbi] 로비 m 로비
Vite! Je t'attends au lobby.
비뜨! 쥬 따땅 당 르 오 로비.
빨리 왜! 나 지금 로비에서 기다리고 있어.

□ **réception** [Resepsjɔ̃] 헤쎕씨옹
f 프런트 데스크

Allô? C'est la réception?
알로? 쎄 라 헤쎕씨옹?
여보세요. 거기 프런트 데스크죠?

□ **remplir une fiche d'hôtel** [RãpliːR yn fiʃ do[ɔ]tel]
항쁠리흐 윈느 피슈 도뗄 **체크인하다**

□ **régler sa note** [Regle sa nɔt] 헤글레 싸 노뜨 **체크아웃하다**
Je voudrais régler la note immédiatement.
쥬 부드헤 헤글레 라 노뜨 이메디아뜨망.
지금 체크아웃하려고 하는데요.

□ **chambre simple**
[ʃɑ̃:bʀ sɛ̃:pl] 샹브흐 쌩쁠르
f 싱글룸

□ **chambre double**
[ʃɑ̃:bʀ dubl] 샹브흐 두블르 **f** 트윈룸

□ **pourboire** [puʀbwa:ʀ]
뿌흐부와흐 **m** 팁

Merci, voici votre
pourboire!
메흐씨, 브와씨 보트흐 뿌흐부아흐!
고마워요. 이건 팁이에요.

□ **serveuse**
[sɛʀvøːz] 쎄흐뵈즈
f 여종업원

□ **serveur** [sɛʀvœ:ʀ]
쎄흐뵈흐 **m** 남종업원

□ **service de réveil par téléphone** [sɛʀvis də ʀevej paʀ telefɔn]
쎄흐비스 드 헤베이으 빠흐 뗄레뽄 **m** 모닝콜 서비스

Demain matin, à six heures, réveillez-moi, s'il vous plaît.
드맹 마땡 아 씨 죄흐, 헤베이예−므와, 씰 부 쁠레.
내일 아침 여섯 시에 저를 깨워주길 부탁합니다.

111

관련 단어

- □ **hors classe** [ɔʀ klɑːs] 오흐 끌라쓰 오성급의, 특급의
- □ **garde des bagages** [gaʀd de bagaːʒ] 갸흐드 데 바가쥬 f 물품 보관소
- □ **comptoir** [kɔ̃twaːʀ] 꽁뚜와흐 m 계산대
- □ **infirmerie** [ɛ̃fiʀməʀi] 앵피흐므히 f 의무실
- □ **ascenseur** [asɑ̃sœːʀ] 아썅쉐흐 m 엘리베이터
- □ **corridor** [kɔʀidɔːʀ] 꼬히도흐 m 복도
- □ **réserver** [ʀezɛʀve] 헤제흐베 (방을) 예약하다
- □ **chambre libre** [ʃɑ̃ːbʀ libʀ] 샹브흐 리브흐 f 빈방
- □ **change** [ʃɑ̃ːʒ] 샹쥬 m 환전
- □ **crèche** [kʀɛʃ] 크헤슈 f 탁아소, 유아방
- □ **entrée interdite** [ɑ̃tʀe ɛ̃tɛʀdit] 앙트헤 앵떼흐디뜨 f 방문 사절 (문 밖에 걸어놓음), 출입 금지
- □ **passage interdit** [pɑsaːʒ ɛ̃tɛʀdi] 빠싸쥬 앵떼흐디 m 관계자 외 출입 금지
- □ **ménage** [menaːʒ] 메나쥬 m 청소

A: Je voudrais réserver une chambre libre.
쥬 부드헤 헤제흐베 윈느 샹브흐 리브흐.
방을 예약하려고 하는데요.

B: Quand est-ce que vous pensez arriver?
깡 떼스끄 부 빵세 아히베?
예, 언제 숙박하실 건가요?

A: De ce vendredi à ce dimanche.
드 스 방드흐디 아 스 디망슈.
이번 주 금요일부터 일요일까지요.

B: Combien de personnes?
꽁비앙 드 뻬흐쏜느?
예, 몇 분이십니까?

A: Pour quatre personnes. Puis-je avoir deux chambre à deux?
뿌흐 꺄트흐 뻬흐쏜느. 쀠 쥬 아부와흐 되 샹브흐 아 되?
네 명인데요. 트윈룸으로 두 개 예약 가능할까요?

1 인간

2 가정

3 수

4 도시

5 교통

6 업무

7 쇼핑

8 스포츠·취미

9 지역

école 에꼴르 **학교**

❶ classe [klɑːs] 끌라쓰 f 교실

❷ enseignant(e) [ɑ̃sɛɲɑ̃,-ɑ̃ːt] 앙쎄냥(뜨) n 교사

❸ élève [elɛːv] 엘레브 f 학생

❹ table [tabl] 따블르 f 책상

❺ chaise [ʃɛːz] 쉐즈 f 의자

❻ manuel [manɥɛl] 마뉘엘 m 교과서

❼ trousse [tʀus] 트후스 f 필통

❽ crayon [kʀɛjɔ̃] 크헤용 m 연필

❾ gomme [gɔm] 곰므 f 지우개

❿ crayon de couleur [kʀɛjɔ̃ də kulœːʀ] 크헤용 드 꿀뢰흐 m 색연필

⓫ règle [ʀɛgl] 헤글르 f 자

⓬ globe terrestre [glɔb tɛʀɛstʀ] 글로브 떼헤스트흐 m 지구본

⓭ panneau-réclame [panoʀɛkla[ɑː]m] 빠노-헤끌람므 m 게시판, 표지판

1 인간

2 가정

3 수

4 도시

5 교통

6 업무

7 쇼핑

8 스포츠·취미

9 자연

관련 단어

- □ **école maternelle** [ekɔl matɛʀnɛl] 에꼴 마떼흐넬 f 유치원
- □ **école primaire** [ekɔl pʀimɛːʀ] 에꼴 프히메흐 f 초등학교
- □ **collège** [kɔlɛːʒ] 꼴레쥬 m 중학교
- □ **lycée** [lise] 리쎄 m 고등학교
- □ **université** [ynivɛʀsite] 위니베흐씨떼 f 대학교
- □ **pension** [pɑ̃sjɔ̃] 빵씨옹 f 기숙사
- □ **bibliothèque** [biblijɔtɛk] 비블리오떼끄 f 도서관
- □ **salle de conférence** [sal də kɔ̃feʀɑ̃ːs] 쌀 드 꽁페항스 f 강당
- □ **terrain de jeux** [tɛʀɛ̃ də ʒø] 떼헹 드 쥬 m 운동장
- □ **gymnase** [ʒimnɑːz] 짐나즈 m 체육관
- □ **couloir** [kulwaːʀ] 꿀루와흐 m 복도
- □ **toilettes** [twalɛt] 뚜왈레뜨 fpl 화장실
- □ **examen** [ɛgzamɛ̃] 에그자멩 m 시험
- □ **période d'examen** [peʀjɔd dɛgzamɛ̃] 뻬히오드 데그자멩 f 시험 기간
- □ **devoir** [dəvwaːʀ] 드부와흐 m 숙제
- □ **éducation** [edykɑsjɔ̃] 에뒤까씨옹 f 교육
- □ **étude** [etyd] 에뛰드 f 공부
- □ **aller à l'école** [ale a lekɔl] 알레 아 레꼴르 등교하다
- □ **rentrer de l'école** [ʀɑ̃tʀe də lekɔl] 항트헤 드 레꼴르 하교하다
- □ **camarade de classe** [kamaʀad də klɑːs] 꺄마하드 드 끌라쓰 n 급우, 반 친구

matière 마띠에흐 과목

☐ **histoire** [istwa:ʀ] 이스뚜와흐 f 역사
Il est déjà dans les manuels d'histoire.
일 레 데자 당 레 마뉘엘 디스뚜아흐.
그는 이미 역사 교과서에나 나오는 인물이잖아요.

☐ **science** [sjã:s] 씨앙스 f 과학
Aujourd'hui, on va observer le tige dans notre classe de science.
오쥬흐디, 옹 바 옵제흐베 르 띠쥬 당 노트흐 끌라 쓰 드 씨앙스.
오늘 과학 수업은 식물 줄기 관찰입니다.

☐ **gymnastique** [ʒimnastik]
짐나스띠끄 f 체육

☐ **musique** [myzik] 뮈지끄
f 음악

☐ **anglais** [ãglɛ] 앙글레 m 영어

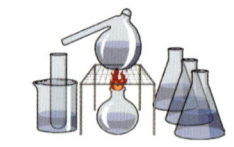

☐ **chimie** [ʃimi] 쉬미 f 화학

☐ **art** [a:ʀ] 아흐 m 미술
J'aime l'art.
쥌므 라흐.
나는 미술 과목을 좋아한다.

1 인간

2 가정

3 수

4 도시

5 교통

6 업무

7 쇼핑

8 스포츠·취미

9 자연

관련 단어

- □ **histoire universelle** [istwaːʀ yniveʀsɛl] 이스뚜와흐 위니베흐쎌 f 세계사

- □ **biologie** [bjɔlɔʒi] 비올로지 f 생물

- □ **mathématiques** [matematik] 마떼마띠끄 fpl 수학

- □ **philosophie** [filɔzɔfi] 필로조피 f 철학

- □ **coréen** [lɑ̃ːg nasjɔnal] 꼬헤엥 m 한국어

- □ **sociologie** [sɔsjɔlɔʒi] 쏘씨올로지 f 사회

- □ **géographie** [ʒeɔgʀafi] 제오그하피 f 지리

- □ **composition** [kɔ̃pozisjɔ̃] 꽁뽀지씨옹 f 작문

- □ **éthique** [etik] 에띠끄 f 도덕, 윤리

- □ **économie** [ekɔnɔmi] 에꼬노미 f 경제학

- □ **psychologie** [psikɔlɔʒi] 쁘씨꼴로지 f 심리학

- □ **physique** [fizik] 피지끄 f 물리학

Dialogue

A: Jin-su a eu 100/100 (100 sur 100) à l'examen d'histoire universelle.
진수 아 위 상 쉬흐 상 아 레그자멩 디스뚜와흐 위니베흐쎌르.
진수는 세계사 시험 백점 맞았대.

B: Super! Et toi?
쒸뻬흐! 에 뚜와?
대단하다! 넌 몇 점인데?

A: Ne me demande pas. J'ai trop honte. J'espère bien réussir en maths.
느 므 드망드 빠. 줴 트호 옹뜨. 제스뻬흐 비엥 헤위씨흐 앙 마뜨.
묻지 마. 창피해. 수학 시험이나 잘 봐야지.

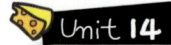

commissariat de police
꼬미싸히아 드 뽈리스 **경찰서**

□ **police** [pɔlis] 뽈리스 f 경찰

□ **revolver** [ʀevɔlvɛːʀ]
헤볼베흐 m 권총

□ **preuve** [pʀœːv]
프회브 m 증거

On l'a remis en liberté faute de
preuves suffisantes.
옹 라 흐미 앙 리베흐떼 포뜨 드 프회브 쒸피장.
그는 증거 불충분으로 풀려났다.

□ **coups et blessures**
[ku e ble[e]sy:ʀ] 꾸 에 블레쒸흐
n 폭행 상해

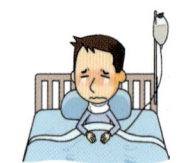

□ **victime** [viktim] 빅띰므
f 피해자

□ **voleur(se)** [vɔlœːʀ, -øːz]
볼뢔흐(즈) n 도둑

Le voleur a été attrapé en
escaladant le mur.
르 볼뢔흐 아 에떼 아트하뻬 앙 에스깔라
당 르 뮈흐.
그 도둑은 담을 넘으려다가 잡혔다.

□ **arrestation** [aʀɛstɑsjɔ̃]
아헤스따씨옹 f 체포

Le kidnappeur a été arrêté un
jour plus tard.
르 끼드나뻬흐 아 에떼 아헤떼 엥 쥬흐 쁠뤼 따흐.
유괴 사건의 범인은 하루 만에 체포되었다.

1 인간

2 가정

3 수

4 도시

5 교통

6 업무

7 쇼핑

8 스포츠·취미

9 자연

관련 단어

☐ **poste de police** [pɔst də pɔlis] 뽀스뜨 드 뽈리쓰 m 파출소

☐ **détective** [detɛktiːv] 데떽띠브 m 형사

☐ **menottes** [mənɔt] 므노뜨 fpl 수갑

☐ **témoin** [temwɛ̃] 떼무앵 m 목격자

☐ **alibi** [alibi] 알리비 m 알리바이

☐ **coupable** [kupabl] 꾸빠블르 n 범인

☐ **crime** [kʀim] 크힘므 m 범죄

☐ **assassiner** [asasine] 아싸씨네 살인하다

☐ **voler** [vɔle] 볼레 훔치다

☐ **pickpocket** [pikpɔkɛt] 삑뽀께뜨 m 소매치기

☐ **petit(e) voleur(se)** [pəti,-it vɔlœːʀ, -øːz] 쁘띠(뜨) 볼뢰흐(즈) n 좀도둑

☐ **cambrioleur(se)** [kɑ̃bʀijɔlœːʀ, -øːz] 깡브히올뢰흐(즈) n 강도

☐ **kidnapping** [kidnapiŋ] 끼드나핑그 m 납치

☐ **fraude** [fʀoːd] 프호드 f 사기

☐ **pot-de-vin** [podvɛ̃] 뽀드뱅 m 뇌물

Dialogue

A: Ce cambrioleur a été attrapé?
스 깡브히올뢰흐 아 에떼 아뜨하뻬?
그 강도 사건의 범인은 잡혔대?

B: Non. On n'a trouvé ni témoin ni témoignage.
농. 옹 나 뜨후베 니 떼무앵 니 떼무아냐쥬.
아직. 목격자도 없고, 아무런 단서도 찾지 못했대.

religion 흘리지옹 종교

☐ **bouddhisme** [budism]
부디슴므 m 불교

☐ **bouddhiste** [budist]
부디스뜨 n 불교 신자

☐ **christianisme** [kʀistjanism]
크히스띠아니슴므 m 기독교

☐ **chrétien(ne)** [kʀetjɛ̃, -ɛn]
크헤띠엥(느) n 기독교 신자

☐ **catholicisme** [katɔlisism]
까똘리시슴므 m 천주교

☐ **catholique** [katɔlik] 까똘리끄 n 천주교 신자
Cet homme est un catholique fervent.
쎄 똠므 에 엥 까똘리끄 페흐방.
그 사람은 아주 독실한 천주교 신자야.

☐ **temple bouddhique**
[tɑ̃:pl budik] 땅쁠르 부디끄 m 절
Ma grand-mère fréquente le
temple bouddhique pour faire
des offrandes à Bouddha.
마 그항메흐 프헤깡뜨 르 땅쁠르 부디끄 뿌흐
데 조프항드 아 부다.
할머니는 불공 드리러 절에 자주 가신다.

☐ **église** [egliːz] 에글리즈
f 교회

☐ **cathédrale** [katedʀal]
까떼드할르 f 성당

120

1 인간

2 가정

3 수

4 도시

5 교통

6 업무

7 쇼핑

8 스포츠·취미

9 자연

관련 단어

□ **dieu** [djø] 디외 m 신

□ **Jésus** [ʒezy] 제쥐 m 예수

□ **Bouddha** [buda] 부다 m 부처

□ **paradis** [paʀadi] 빠하디 m 천국

□ **enfer** [ɑ̃fɛːʀ] 앙페흐 m 지옥

□ **bible** [bibl] 비블르 f 성경

□ **sûtra** [sytʀa] 수트하 m 불경

□ **statue du Bouddha** [staty dy buda] 스따뛰 뒤 부다 f 불상

□ **culte** [kylt] 뀔뜨 m 예배

□ **prier** [pʀije] 프히에 기도하다

□ **messe** [mɛs] 메스 f 미사

□ **croix** [kʀwa] 크후와 f 십자가

□ **hymne** [imn] 임느 m 찬송가

□ **pasteur** [pastœːʀ] 빠스뙤흐 m 목사

□ **prêtre** [pʀɛtʀ] 프헤트흐 m 신부

□ **religieuse** [ʀəliʒjøːz] 흘리지외즈 f 수녀

□ **bonze** [bɔ̃ːz] 봉즈 m 승려

□ **islamisme** [islamism] 이슬라미슴므 m 이슬람교

□ **hindouisme** [ɛ̃duism] 앵두이슴므 m 힌두교

□ **judaïsme** [ʒydaism] 쥐다이슴므 m 유대교

1 다음 그림과 단어를 연결해 보세요.

· · · ·

· · · ·

hôpital   école   bibliothèque   cinéma

2 다음 단어의 뜻을 써보세요.

a) lettre _____   timbre _____

facteur _____   colis _____

b) médecin _____   infirmier _____

patient _____   pharmacien _____

c) comprimé _____   pommade _____

grippe _____   s'enrhumer _____

blessure _____   ampoule ____

3 다음 보기에서 단어를 골라 빈칸에 써넣어 보세요.

a) épargne / code secret / billet / signer

b) beignet / hamburger / plateau / hot-dog

a) 지폐 _____   저금 _____   서명하다 _____ 비밀번호 _____

b) 핫도그 _____ 도넛 _____   햄버거 _____ 쟁반 _____

4 다음 그림과 단어를 연결해 보세요.

· · · ·

· · · ·

steak   salade   soupe   plat de
fruits de mer

5 다음 단어를 프랑스어 혹은 우리말로 고쳐 보세요.

a) 생맥주 _____   칵테일 _____

   vin _____   건배 _____

b) 로비 _____   réserver _____

   service de réveil par téléphone _____

   팁 _____

6 다음 보기에서 단어를 골라 빈칸에 써넣어 보세요.

a) gomme / camarade de classe / manuel / chaise
b) mathématiques / histoire / science / musique

a) 급우 _____   지우개 _____

   의자 _____   교과서 _____

b) 역사 _____   과학 _____

   수학 _____   음악 _____

7 다음 빈칸에 알맞은 단어의 뜻을 써넣어 보세요.

a) voleur _____   coups et blessures _____

   crime _____   arrestation _____

   témoignage _____   voler _____

b) christianisme _____   bouddhisme _____

   paradis _____   enfer _____

   bible _____   hymne _____

8 다음 빈칸에 알맞은 프랑스어를 써넣어 보세요.

a) 열이 있습니까? Avez-vous de la _____?

b) (예금) 통장을 만들고 싶어요. Je voudrais ouvrir un _____.

c) 내가 주문할게. (식당에서) Je vais _____.

d) 내가 가장 좋아하는 과목은 체육입니다.

   Le _____ que j'aime beaucoup est _____.

정답

1 영화관 - cinéma   병원 - hôpital   학교 - école   도서관 - bibliothèque

2 a) 편지   우표   집배원   소포

   b) 의사   간호사   환자   약사

   c) 알약   연고   독감   감기에 걸리다   상처   물집

3 a) billet   épargne   signer   code secret

   b) hot-dog   beignet   hamburger   plateau

4 수프 - soupe   샐러드 - salade   해산물 요리 - plat de fruits de mer
   스테이크 - steak

5 a) bière pression   cocktail   와인   santé

   b) couloir   방을 예약하다   모닝콜 서비스   pourboire

6 a) camarade de classe   gomme   chaise   manuel

   b) histoire   science   mathématiques   musique

7 a) 도둑   폭행 상해   범죄   체포   증거   훔치다

   b) 기독교   불교   천국   지옥   성경   찬송가

8 a) fièvre   b) compte   c) commander   d) matière   gymnastique

Theme 5

→ **transports** 트항스뽀흐 교통

1 인간
2 가정
3 수
4 도시
5 교통
6 업무
7 쇼핑
8 스포츠·취미
9 자연

moyens de transport

무아엥 드 트항스뽀흐 **탈것, 교통수단**

□ **train** [tRɛ̃] 트행 m 기차, 열차

□ **métro** [metRo] 메트호 m 지하철
Prenons le métro! La route est
emboutéillée.
프흐농 르 메트호 라 후뜨 에 땅부떼이에.
지하철 타고 가자! 길이 막혔어.

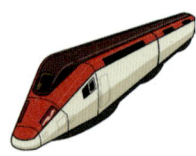

□ **express** [ɛkspRɛs] 엑스프헤스
m 급행 열차

□ voiture décapotable
[vwatyːR dekapɔtabl] 부아뛰흐 데꺄뽀따블르
f 오픈카

□ **camion** [kamjɔ̃] 꺄미옹 m 트럭
Comme j'ai trop de bagages, j'ai
besoin d'un camion.
꼼므 줴 트호 드 바가쥬, 줴 브쥬앵 뎅 꺄미옹.
짐이 너무 많아서 트럭이 있어야 할 거 같아.

□ **voiture** [vwatyːR]
부아뛰흐 f 자동차

□ **moto** [moto] 모또 f 오토바이

□ **bus** [bys] 뷔스 m 버스

126

□ **scooter** [skutœ(ε):ʀ] 스꾸뛰흐 Ⓜ 스쿠터

C'est le scooter que mon frère a conduit.
쎄 르 스꾸뛰흐 끄 몽 프헤흐 아 꽁뒤.
이 스쿠터는 형이 타던 것이다.

□ **vélo** [velo] 벨로 Ⓜ 자전거

J'ai perdu mon vélo devant ma maison.
줴 뻬흐뒤 몽 벨로 드방 마 메종.
집 앞에 세워둔 자전거가 없어졌다.

□ **avion** [avjɔ̃] 아비용 Ⓜ 비행기

□ **hélicoptère** [elikɔptɛ:ʀ] 엘리꼽떼흐 Ⓜ 헬리콥터

□ **avion léger** [avjɔ̃ leʒe] 아비용 레제 Ⓜ 경비행기

□ **montgolfière** [mɔ̃gɔlfjɛ:ʀ] 몽골피에흐 Ⓕ 기구, 열기구

□ **yacht** [jɔt, jak(t)] 요트 Ⓜ 요트

□ **bateau** [bato] 바또 Ⓜ 배

C'est le bateau pour Marseille.
쎄 르 바또 뿌흐 마흐세이으.
이 배는 마르세유로 갑니다.

1 인간
2 가정
3 수
4 도시
5 교통
6 업무
7 쇼핑
8 스포츠·취미
9 자연

vélo 벨로 **자전거**

❶ guidon [gidɔ̃] 기동 m 핸들

❷ frein [fʀɛ̃] 프헹 m 브레이크 레버

❸ selle [sɛl] 쎌르 f 안장

❹ cadre [kɑ:dʀ] 꺄드흐 m 프레임

❺ pneu [pnø] 쁘뇌 m 타이어

1 인간

2 가정

3 수

4 도시

5 교통

6 업무

7 쇼핑

8 스포츠·취미

9 자연

❻ chaîne [ʃɛn] 쉔느 f 체인

❼ pédale [pedal] 뻬달 f 페달

❽ vitesse [vites] 비떼쓰 f 기어(톱니바퀴)

관련 단어

☐ **roue** [ʀu] 후 f 바퀴

☐ **arrivée d'air** [aʀive dɛːʀ] 아히베 데흐 f 공기 주입구

☐ **chambre à air** [ʃɑ̃ːbʀ a ɛːʀ] 샹브흐 아 에흐 f (타이어의) 튜브

☐ **bicross** [bikʀɔs] 비크호스 m 산악용 자전거, MTB

☐ **piste cyclable** [pist siklabl] 삐스프 씨끌라블르 f 자전거 전용도로

Dialogue

A: Il doit y avoir un trou dans ma chambre à l'air.
Elle se dégonfle trop rapidement.
일 드와 이 아브와르 엥 트후 당 마 샹브흐 아 레흐. 엘스 데공플르 트호 하삐드망.
내 자전거 타이어가 펑크났나 봐. 금세 바람이 빠지네.

B: Tu devrais aller à l'atelier de réparation.
뛰 드브레 알레 아 라뜰리에 드 헤빠하씨옹.
그럼, 수리점에 가 봐야겠다.

129

moto 모또 **오토바이**

① **guidon** [gidɔ̃] 기동 m 핸들

② **rétroviseur** [ʀetʀɔvizœːʀ] 헤트호비줴흐 m 백미러

③ **réservoir à essence** [ʀezɛʀvwaːʀ a esɑ̃ːs] 헤제흐부와흐 아 에쌍스

   m 연료 탱크

④ **selle** [sɛl] 쎌르 f 안장

⑤ **phares** [faːʀ] 파흐 mpl 헤드라이트

⑥ **veilleuse** [vɛjøːz] 베이외즈 f 미등

7 **pédale** [pedal] 뻬달 f 페달

8 **moteur** [mɔtœːʀ] 모뙈흐 m 엔진

9 **pneu** [pnø] 쁘뇌 m 타이어

10 **frein** [fʀɛ̃] 프헹 m 브레이크

🔵 관련 단어

□ **casque** [kask] 꺄스끄 m 헬멧

□ **contrôleur** [kɔ̃tʀolœːʀ] 꽁트홀뤠흐 m 제어 장치

Dialogue

A: Génial! C'est une(ta) nouvelle moto?
　제니알! 쎄 윈느(따) 누벨 모또?
　멋지다! 이 오토바이 새로 산 거야?

B: Oui, je l'ai achetée hier.
　위, 쥬 레 아슈떼 이에흐.
　응, 바로 어제 샀어.

A: Je peux l'essayer?
　쥬 쀄 레쎄이예?
　나 한번 타보면 안 될까?

1 인간

2 가정

3 수

4 도시

5 교통

6 업무

7 쇼핑

8 스포츠·취미

9 자연

voiture 부아뛰흐 **자동차**

① **phares** [faːʀ] 파흐 mpl 헤드라이트

② **clignotant** [kliɲɔtɑ̃] 끌리뇨땅 m 방향등

③ **pneu** [pnø] 쁘뇌 m 타이어

④ **veilleuse** [vɛjøːz] 베이외즈 f 미등

⑤ **rétroviseur extérieur** [ʀetʀɔvizœːʀ ɛksteʀjœːʀ]
헤트호비줴흐 엑스떼히에흐 m 사이드미러

⑥ **capot** [kapo] 꺄뽀 m 보닛

⑦ **pare(-)brise** [paʀbʀiːz] 빠흐 브히즈 m 앞유리

⑧ **essuie-glaces** [esɥiglas] 에쒸-글라스 mpl 와이퍼

⑨ **plaque d'immatriculation** [plak di(m)matʀikylɑsjɔ̃]
쁠라끄 디마트히뀔라씨옹 f 번호판

⑩ **coffre** [kɔfʀ] 꼬프흐 m 트렁크

132

1 인간

2 가정

3 수

4 도시

5 교통

6 업무

7 쇼핑

8 스포츠·취미

9 자연

① **rétroviseur (dans la voiture)** [ʀetʀɔvizœːʀ]([dɑ̃ la vwatyːʀ])
헤트호비줴흐 (당 라 부아뛰흐) m (차내) 백미러

② **volant** [vɔlɑ̃] 볼랑 m 핸들, 운전대

③ **klaxon** [klaksɔn] 끌락쏭 m 경적, 클랙슨

④ **vitesse** [vitɛs] 비떼쓰 f 기어, 변속 손잡이

⑤ **frein à main** [fʀɛ̃ a mɛ̃] 프헹 아 멩 m 사이드브레이크

⑥ **frein** [fʀɛ̃] 프헹 m 브레이크

⑦ **accélérateur** [akseleʀatœːʀ] 악쎌레하뙤흐 m 가속 페달

⑧ **tableau de bord** [tablo də bɔːʀ] 따블로 드 보흐 m 계기판

관련 단어

- warning [waʀniŋ] 와흐닝그 m 비상등
- batterie [batʀi] 바트히 f 배터리
- airbag [ɛʀbag] 에흐바그 m 에어백
- ceinture de sécurité [sɛ̃ty:ʀ də sekyʀite] 쌩뛰흐 드 쎄뀌히떼 f 안전벨트
- crever [kʀəve] 크흐베 (타이어가) 펑크 나다
- huile de moteur [ɥil də mɔtœ:ʀ] 윌 드 모뙤흐 f 엔진 오일
- garage [gaʀa:ʒ] 갸하쥬 m 자동차 수리센터
- stationnement illicite [stasjɔnmɑ̃ i(l)lisit] 스따씨온느망 일리씨뜨 m 주차 위반
- papillon [papijɔ̃] 빠삐용 m 위반 통고장, 주차 위반 딱지
- dépanneuse [depanø:z] 데빠뇌즈 f 견인차
- station-service [stasjɔ̃sɛʀvis] 스따씨옹-쎄흐비스 f 주유소
- essence [esɑ̃:s] 에쌍스 f 휘발유, 가솔린
- diesel [di[je]zɛl] 디젤 m 경유
- lavage de voiture [lava:ʒ də vwaty:ʀ] 라바쥬 드 부와뛰흐 m 세차
- permis [pɛʀmi] 뻬흐미 m 면허증

A: Je voudrais faire examiner ma voiture.

쥬 부드헤 페흐 에그자미네 마 부아뛰흐.

차 좀 점검해 주세요.

B: Quel est le problème?

껠 에 르 프호블렘?

어떤 문제가 있나요?

A: Je ne peux pas passer ses vitesses. En plus, le moteur fait des bruits bizarres.

쥬 느 쁴 빠 빠쎄 쎄 비떼쓰. 앙 쁠뤼스, 르 모뙤흐 페 데 브휘 비자흐.

기어 변속이 잘 안 되네요. 또 엔진에서 이상한 소리가 나는 거 같고요.

A: ll n'y a pas de garage près d'ici?

일 니 아 빠 드 갸하쥬 프헤 디씨?

이 근처에 자동차 수리 센터가 있지 않나요?

B: Pourquoi?

뿌흐꾸아?

왜요?

A: Je veux changer mon huile de moteur.

쥬 브 샹제 모 뉠 드 모뙤흐.

엔진 오일 좀 교환하려고요.

1 인간

2 가정

3 수

4 도시

5 교통

6 업무

7 쇼핑

8 스포츠·취미

9 자연

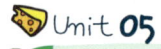

route 후뜨 도로

① **1ère voie** [pʀəmjeːʀ vwa]
프르미에르 브와 m 1차선

② **2ème voie** [døzjɛm vwa]
되지엠므 브와 m 2차선

③ **3ème voie** [tʀwazjɛm vwa]
트루아지엠므 브와 m 3차선

□ **garde-fou** [gaʀdəfu]
갸흐드-푸 m 가드레일

□ **péage** [pea:ʒ] 뻬아쥬
m 톨게이트

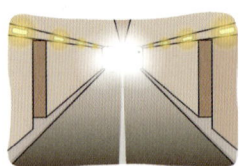

□ **tunnel** [tynɛl] 뛰넬
m 터널, 지하도

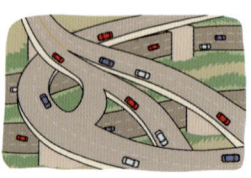

□ **route surélevée** [ʀut syʀelve]
후뜨 쉬르엘르베 f 고가도로

□ **voie à sens unique**

[vwa a sɑ̃ːs ynik] 부아 아 쌍스 위니끄

f 일방통행로

□ **piste** [pist] 삐스뜨

f 비포장 도로

□ **ruelle** [ʀɥɛl] 휘엘 f 골목

Notre maison est dans la
prochaine ruelle.
노트흐 메종 에 당 라 프호쉔느 휘엘.
우리 집은 다음 골목에 있다.

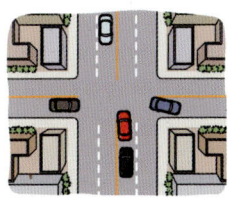

□ **carrefour** [kaʀfuːʀ] 꺄흐푸흐

m 교차로, 사거리

Il semble qu'il y a eu un
accident au carrefour.
일 쌍블르 낄 리 아 위 에 낙씨당 오 꺄흐푸흐.
교차로에서 사고가 난 것 같다.

□ **passage clouté** [pɑsaːʒ klute]
빠싸쥬 끌루떼 m 횡단보도

□ **trottoir** [tʀɔtwaːʀ] 트호뚜와흐

m 인도, 보도

1 인간
2 가정
3 수
4 도시
5 교통
6 업무
7 쇼핑
8 스포츠·취미
9 자연

□ **arrêt d'autobus** [aʀɛ dɔ[o]tɔbys]
아헤 도또뷔스 m 버스 정류소

□ **parking** [paʀkiŋ] 빠흐낑그
m 주차장

On va se voir à l'arrêt d'autobus,
à deux heures.
옹 바 스 부아흐 아 라헤 도또뷔스, 아 되 쐬흐.
우리 두 시에 버스 정류소에서 만나.

□ **feu** [fø] 프 m 신호등

Attends! Il faut traverser quand le feu passe au
vert.
아땅! 일 포 트하베흐쎄 깡 르 푀 빠스 오 베흐.
좀 기다려. 녹색불이 켜지면 건너야지.

□ **lampadaire** [lɑ̃padɛːʀ] 랑빠데흐
m 가로등

□ **signalisation**
[siɲalizasjɔ̃] 씨냘리자씨옹
m 도로 표지

C'est trop sombre ici parce que les
lampadaires sont tombés en panne.
쎄 트호 쏭브흐 이씨 빠흐스끄 레 랑빠데흐 송 똥베 앙 빤느.
가로등이 고장나서 주변이 어둡다.

138

1 인간

2 가정

3 수

4 도시

5 교통

6 업무

7 쇼핑

8 스포츠·취미

9 자연

관련 단어

- □ **centre** [sɑ̃:tʀ] 쌍트흐 m 번화가
- □ **avenue** [avny] 아브뉘 f 큰길
- □ **détour** [detu:ʀ] 데뚜흐 m 우회 도로
- □ **bande médiane** [bɑ̃:d medjan] 방드 메디안느 f 중앙 분리대
- □ **conduire** [kɔ̃dyi:ʀ] 꽁뒤흐 운전하다
- □ **tourner à gauche** [tuʀne a go:ʃ] 뚜흐네 아 고슈 좌회전하다
- □ **tourner à droite** [tuʀne a dʀwa[ɑ]t] 뚜흐네 아 두흐아뜨 우회전하다
- □ **accident** [aksidɑ̃] 악씨당 m 교통사고
- □ **embouteillage** [ɑ̃buteja:ʒ] 앙부떼이야쥬 m 교통 체증
- □ **passage interdit** [pasa:ʒ ɛ̃teʀdi] 빠싸쥬 앵떼흐디 m 통행금지
- □ **vitesse limite** [vites limit] 비떼쓰 리미뜨 f 제한 속도
- □ **danger** [dɑ̃ʒe] 당제 m 위험
- □ **sens** [sɑ̃:s] 쌍스 m 방향

Dialogue

A: Je crois que nous sommes dans une rue très fréguentée….
쥬 크후와 끄 누 쏨므 당 쥔느 트헤 프헤깡떼….
이쯤에서 번화가가 나올 것 같은데….

B: Dépasse les feux, tourne à droite après la prochaine avenue.
데빠쓰 레 푀, 뚜흔느 아 두흐아뜨 아프헤 라 프호쉔 아브뉘.
신호등 지나 다음 큰길에서 우회전하면 되겠다.

A: En tout cas, les embouteillages sont terribles, ici.
앙 뚜 꺄, 레 쟝부떼이야쥬 송 떼히블, 이씨.
그런데 여긴 정말 교통 체증이 심하구나.

139

train 트행 기차

□ **gare** [ga:ʀ] 갸흐 **f** 기차역
Il y a beaucoup de personnes
dans la gare.
일 리 아 보꾸드 뻬흐쏜느 당 라 갸흐.
기차역에는 사람들이 많이 있다.

□ **compartiment**
[kɔ̃paʀtimā] 꽁빠흐띠망
m 객실

□ **place** [plas] 쁠라쓰 **f** 좌석
Si possible, je voudrais une place à côté
de la fenêtre.
씨 뽀씨블, 쥬 부드헤 윈느 쁠라스 아 꼬떼 들 라 프네트흐.
가능하면 창가 쪽 좌석으로 주세요.

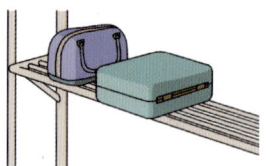

□ **porte-bagages**
[pɔʀtəbaga:ʒ] 뽀흐뜨–바가쥬
m 수화물 선반

□ **wagon-lit** [vagɔ̃li] 바공리
m 침대차

140

gare 갸흐 기차역

□ **salle d'attente** [sal datɑ̃:t]
쌀 다땅뜨 f 대합실

Dans la salle d'attente, une
vieille femme sommeille.
당 라 쌀 다땅뜨, 윈느 비에이으 팜므 쏘메이으.
대합실에서 할머니 한 분이 졸고 계신다.

□ **distributeur de billets**
[distʀibytœ:ʀ də bijɛ] 디스트히뷔뙤흐 드 비예
m 승차권 판매기

□ **bureau d'information**
[byʀo dɛ̃fɔʀmasjɔ̃] 뷔호 댕포흐마씨옹
m 안내소

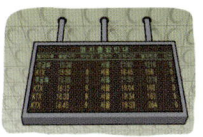

□ **horaire des trains**
[ɔʀɛ:ʀ de tʀɛ̃] 오헤흐 데 트헹
m 기차 시간표

□ **plan** [plɑ̃] 쁠랑
m 노선도

□ **contrôleur** (se)
[kɔ̃tʀolœ:ʀ, -ø:z] 꽁트홀뢰흐(즈)
m 검표원

관련 단어

□ **chemin de fer** [ʃ(ə)mɛ̃ də fɛːʀ] 슈맹 드 페흐 m 철도

□ **voie** [vwa] 부와 f 선로

□ **express** [ɛkspʀɛs] 엑스프헤스 m 급행열차

□ **wagon-restaurant** [vagɔ̃ʀɛstɔʀɑ̃] 바공-헤스또항 m 식당차

□ **guichet de vente de billets** [giʃɛ də vɑ̃t də bijɛ]
기쉐 드 방뜨 드 비예 m 승차권 판매소

□ **frais de transport** [fʀɛ də tʀɑ̃spɔːʀ] 프해 드 트항스뽀흐 m 교통비

□ **aller simple** [ale sɛ̃ːpl] 알레 쌩쁠 m 편도 티켓

□ **aller-retour** [ale ʀətuːʀ] 알레 흐뚜흐 m 왕복 티켓

□ **accès aux quais** [aksɛ o ke] 악쎄 오 깨 m 개찰구

□ **conducteur(trice) de train** [kɔ̃dyktœːʀ, -tʀis də tʀɛ̃]
꽁뒥뙤흐(트히스) 드 트행 m 열차 승무원

□ **chef de gare** [ʃɛf də gaːʀ] 쉐프 드 갸흐 m 역장

□ **bureau des objets trouvés** [byʀo de ɔbʒɛ tʀuve]
뷔호 데 조브제 트후베 mpl 분실물 센터

□ **toilettes** [twalɛt] 뚜왈레뜨 fpl 화장실

□ **sortie** [sɔʀti] 쏘흐띠 f 출구

□ **terminus** [tɛʀminys] 떼흐미뉘스 m 종착역

□ **prendre le train** [pʀɑ̃ːdʀ lə tʀɛ̃] 프항드흐 르 트행 열차를 타다

□ **descendre du train** [desɑ̃ːdʀ də tʀɛ̃] 데쌍드흐 뒤 트행
열차에서 내리다

□ **changer de train** [ʃɑ̃ʒe lə tʀɛ̃] 샹제 드 트행 열차를 갈아타다

1 인간

2 가정

3 수

4 도시

5 교통

6 업무

7 쇼핑

8 스포츠·취미

9 자연

□ **manquer la station** [mɑ̃ke la sta[ɑ]sjɔ̃] 망께 라 스따씨옹
내릴 역(정거장)을 놓치다

□ **céder sa place** [sede sa plas] 쎄데 싸 쁠라쓰 자리를 양보하다

□ **saisir la poignée** [sɛ[e]ziːʀ la pwaɲe] 쎄지흐 라 뿌아녜
손잡이를 잡다

□ **abandon à mi-chemin** [abɑ̃dɔ̃ a miʃ(ə)mɛ̃] 아방동 아 미-슈맹
ⓜ 도중하차

□ **libre** [libʀ] 리브흐 비어 있는

□ **encombré(e)** [ɑ̃kɔ̃bʀe] 앙꽁브헤 혼잡한

□ **train bondé** [tʀɛ̃ bɔ̃de] 트행 봉데 ⓜ 만원 열차

□ **sommeiller** [sɔmɛ[e]je] 쏘메이예 졸다

□ **mal des transports** [mal de tʀɑ̃spɔːʀ] 말 데 트항스뽀흐
ⓜ 차멀미

□ **heures de pointe** [œːʀ de pwɛ̃t] 에흐 드 뽀엥트 ⓕⓟⓛ 출퇴근 시간

□ **premier train** [pʀəmje tʀɛ̃] 프흐미에 트행 ⓜ 첫차

□ **dernier train** [dɛʀnje tʀɛ̃] 데흐니에 트행 ⓜ 막차

Dialogue

A: Voyons l'horaire des trains.
부아이용 로헤흐 데 트행.
우리 기차 시간표 좀 보자.

B: Sinon, je vais demander au bureau
d'information.
씨농 쥬 베 드망데 오 뷔호 댕포흐마씨옹.
아니면 내가 안내소에 가서 물어볼게.

143

port 뽀흐 **항구**

❶ **ancre** [ɑ̃ːkʀ] 앙크흐 f 닻

❷ **radar** [ʀadaːʀ] 하다흐 m 레이더

❸ **proue** [pʀu] 프후 f 뱃머리

❹ **pont** [pɔ̃] 뽕 m 갑판

❺ **cabine** [kabin] 꺄빈 f 선실

❻ **coque** [kɔk] 꼬끄 f 선체

❼ **poupe** [pup] 뿌쁘 f 고물, 선미

8 **arrière-pont** [aʁjɛʁpɔ̃] 아히에흐-뽕 m 뒷갑판

9 **paquebot** [pakbo] 빠끄보 m 여객선

10 **quai** [ke] 께 m 부두

11 **phare** [faːʁ] 파흐 m 등대

12 **brise-lame(s)** [bʁizlam] 브히즐람 m 방파제

13 **marchandises** [maʁʃɑ̃diːz] 마흐샹디즈 fpl 화물

14 **mer** [mɛːʁ] 메흐 f 바다

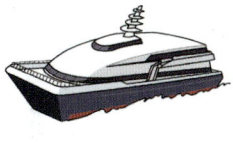

□ **bateau** [bato] 바또 m 배

□ **hélice** [elis] 엘리스 f 프로펠러

□ **bateau sauveteur** [bato sovtœːʁ] 바또 쏘브뛰흐 m 구명보트

□ **aviron** [aviʁɔ̃] 아비홍 m 노

관련 단어

□ **chaîne d'ancre** [ʃɛn dɑ̃:kʁ] 쉔느 당크흐 f 닻줄

□ **salle des machines** [sal de maʃin] 쌀 데 마쉰 f 기관실

□ **gouvernail** [guvɛʁnaj] 구베흐나이으 m 키, 방향키

□ **bateau-mouche** [batomuʃ] 바또-무슈 m 유람선

□ **bateau de pêche** [bato de pɛʃ] 바또 데 뻬슈 m 어선

□ **cargo** [kaʁgo] 꺄흐고 m 화물선

□ **garde-côte** [gaʁdəkoːt] 갸흐드-꼬뜨 m 해안 경비대

1 인간

2 가정

3 수

4 도시

5 교통

6 업무

7 쇼핑

8 스포츠·취미

9 자연

avion 아비용 **비행기**

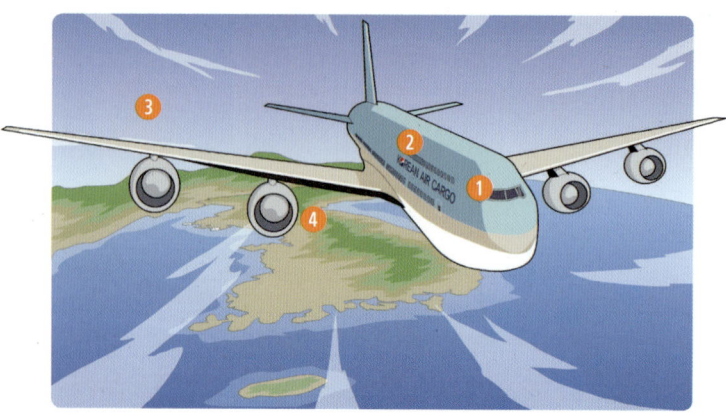

❶ habitacle [abitakl] 아비따끌르 m 조종실

❷ cabine [kabin] 꺄빈느 f 객실

❸ aile [ɛl] 엘르 f 날개

❹ moteur [mɔtœːʀ] 모뙤흐 m 엔진

☐ **toilettes** [twalɛt] 뚜왈레뜨 fpl 화장실

☐ **libre** [libʀ] 리브흐 비어 있는

☐ **occupé(e)** [ɔkype] 오뀌뻬 사용 중

🔵 관련 단어

☐ **sortie de secours** [sɔʀti də s(ə)kuːʀ] 쏘흐띠 드 스꾸흐 f 비상구

☐ **passage** [pɑsɑːʒ] 빠싸쥬 m 통로

□ **décoller** [dekɔle] 데꼴레 이륙하다

□ **atterrir** [ateriːʀ] 아떼히흐 착륙하다

□ **destination** [destinasjɔ̃] 데스띠나씨옹 f 목적지

□ **altitude** [altityd] 알띠뛰드 f 고도

□ **décalage horaire** [dekalaːʒ ɔʀɛːʀ] 데깔라쥬 오헤흐 m 시차

□ **hôtesse de l'air** [otes də lɛːʀ] 오떼쓰 들 레흐 f 여승무원

□ **classe affaires** [klɑːs afɛːʀ] 끌라쓰 아페흐 f 비즈니스석

□ **classe économique** [klɑːs ekɔnɔmik] 끌라쓰 에코노믹
   f 일반석, 이코노미석

□ **première classe** [pʀəmjɛːʀ klɑːs] 프흐미에흐 끌라쓰
   f 일등석, 퍼스트클래스

Dialogue

A: Enfin, l'avion décolle. J'attends vraiment beaucoup de notre voyage.
앙팽, 라비옹 데꼴르. 자땅 브헤망 보꾸 드 노트흐 브와야주.
드디어 비행기가 이륙하려나 봐. 정말 이 여행 기대된다.

B: Moi aussi. Mais on doit rester assis sur la petite place classe touriste pendant douze heures.
무아 오씨. 메 옹 두아 헤스떼 아씨 쉬흐 라 쁘띠뜨 쁠라쓰 끌라스 뚜리스뜨 빵당 두즈 외르.
나도 그래. 하지만 이 좁은 일반석에서 열두 시간이나 앉아 있어야 한다니….

1 인간
2 가정
3 수
4 도시
5 교통
6 업무
7 쇼핑
8 스포츠·취미
9 자연

aéroport 아에호뽀흐 공항

□ **avion de ligne** [avjɔ̃ də liɲ]

아비옹 드 리뉴 m 여객기

□ **passeport** [pɑspɔːʀ]

빠스뽀흐 m 여권

As-tu bien ton passeport et ta carte d'embarquement?

아뛰 비엥 똥 빠스뽀흐 에 따 꺄흐뜨 당바흐끄망?
너 여권이랑 탑승권 잘 챙겼지?

□ **comptoir d'embarquement**

[kɔ̃twaːʀ dɑ̄baʀkəmɑ]

꽁뚜와흐 당바흐끄망

m 탑승 수속 카운터

□ **carte d'embarquement**

[kaʀt dɑ̄baʀkəmɑ̃] 꺄흐뜨 당바흐끄망

f 탑승권

□ **chariot** [ʃaʀjo] 샤히오 m 카트

□ **sortie d'embarquement**

[sɔʀti dɑ̄baʀkəmɑ] 쏘흐띠 당바흐끄망

f 탑승구

□ **salle d'attente de l'aéroport**

[sal datɑ̃ːt daeʀɔpɔːʀ] 쌀 다땅뜨 들 라에호뽀흐

f 공항 대합실

□ **piste** [pist] 삐스뜨
　 f 활주로

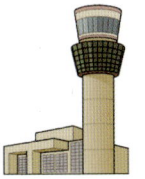

□ **tour de contrôle** [tuːʀ də kɔ̃tʀoːl]
뚜흐 드 꽁트홀 f 관제탑

□ **convoyeur** [kɔ̃vwajœːʀ] 꽁부아예흐 m 수화물 컨베이어

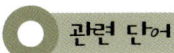
관련 단어

□ **bagage** [bagaːʒ] 바가쥬 m 기내 휴대 수화물

□ **service des bagages** [sɛʀvis de bagaːʒ] 쎄흐비스 데 바가쥬
　 m 수화물 취급소

□ **inspection** [ɛ̃spɛksjɔ̃] 앵스뻭씨옹 f 검사

□ **détecteur** [detɛktœːʀ] 데뗵뙤흐 m 금속 탐지기

□ **inspection d'immigration** [ɛ̃spɛksjɔ̃ di(m)migʀɑsjɔ̃]
　 앵스뻭씨옹 디미그하씨옹 f 출입국 심사

□ **douane** [dwan] 두안 f 세관

□ **quarantaine** [kaʀɑ̃tɛn] 꺄항뗀느 f 검역

□ **ligne domestique** [liɲ dɔmɛstik] 리뉴 도메스띠끄 f 국내선

□ **ligne internationale** [liɲ ɛ̃tɛʀnasjɔnal] 리뉴 앵떼흐 씨오날 f 국제선

1 인간
2 가정
3 수
4 도시
5 교통
6 업무
7 쇼핑
8 스포츠·취미
9 자연

- **boutique hors taxes** [butik ɔʀ taks] 부띠끄 오흐 딱스 **f** 면세점
- **visa** [viza] 비자 **m** 비자, 사증
- **numéro de vol** [nymeʀo də vɔl] 뉘메호 드 볼 **m** 항공편 번호
- **arriver** [aʀive] 아히베 **도착하다**
- **accueil** [akœj] 아꿰이으 **m** 안내
- **comptoir de réservation** [kɔ̃twaːʀ də ʀezeʀvɑsjɔ̃]
  꽁뚜와흐 드 헤제흐바씨옹 **m** 예약 카운터
- **tableau électronique** [tablo elɛktʀɔnik] 따블로 엘렉트호니끄
  m 출발(도착) 표시화면

Dialogue

A: **Excusez-moi. Je ne peux pas trouver ma place.**
엑스뀌제-무와. 쥬 느 쁴 빠 트후베 마 쁠라쓰.
실례합니다. 제 좌석을 찾을 수가 없네요.

B: **Montrez votre carte d'embarquement, s'il vous plaît?**
몽트헤 보트흐 꺄흐뜨 당바흐끄망, 씰 부 쁠레?
탑승권을 보여주시겠습니까?

A: **Numéro six, côté couloir.**
뉘메호 씨쓰, 꼬떼 꿀루와흐.
통로 쪽 여섯 번째 좌석입니다.

150

연습문제 Exercices

1 다음 그림을 단어와 연결시키세요.

· · · ·

· · · ·

moto   train   bateau   avion

2 다음 단어의 뜻을 써보세요.

a) levier _____   chaîne _____

   vélo _____   selle _____

b) casque _____   pneu _____

   arrière-selle _____   garde-boue _____

c) permis _____   essuie-glace _____

   volant _____   klaxon _____

d) ruelle _____   tunnel _____

   danger _____   carrefour _____

   sens _____

3 다음 보기에서 단어를 골라 빈칸에 써넣어 보세요.

a) terminus   horaire des trains   frais de transport
   express   chemin de fer

b) ancre   coque   marchandises   pont   quai

a) 교통비 _____   철도 _____   종착역 _____

   기차 시간표 _____   급행열차 _____

b) 화물 _____   부두 _____   선체 _____

갑판 _____   닻 _____

4 다음 단어의 뜻을 써보세요.

| 비상구 | 탑승권 | 활주로 | 세관 | 화장실 | 착륙하다 |

sortie de secours _____   carte d'embarquement _____

piste _____   douane _____

toilettes _____   atterrir _____

5 다음 빈칸에 알맞은 프랑스어를 써넣어 보세요.

a) 이 근처에 주차장이 있습니까? Est-ce qu'il y a un _____ près d'ici?

b) 면세점에 가볼까? Si on allait à la _____?

c) 어디에서 버스를 갈아타야 할까요?

Où puis-je changer le _____?

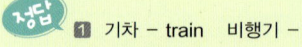

Theme 6

→ **affaire** 아페흐 업무

1 인간
2 가정
3 수
4 도시
5 교통
6 업무
7 쇼핑
8 스포츠·취미
9 지역

profession 프호페씨옹 **직업**

□ **hôtesse de l'air** [otɛs də lɛːʀ]
오떼쓰 드 레흐 f 스튜어디스

□ **policier(ère)** [pɔlisje, -ɛːʀ]
뽈리씨에(흐) m 경찰관

□ **athlète** [atlɛt] 아뜰레뜨
n 운동선수

□ **boulanger(ère)**
[bulãʒe, -ɛːʀ] 불랑제(흐)
n 제빵사

□ **médecin** [mɛdsɛ̃]
메드쌩 m 의사

□ **chanteur(se)** [ʃãtœːʀ, -øːz]
샹뙤흐(즈) n 가수

Les chansons de ce chanteur
sont si belles!
레 샹쏭 드 스 샹뙤흐 쏭 씨 벨르!
저 가수의 노래는 정말 듣기 좋아!

□ **cuisinier(ère)** [kɥizinje, -ɛːʀ]
뀌지니에(흐) n 요리사

Les cuisiniers cuisinent-ils
bien chez eux aussi?
레 뀌지니에 뀌진느 -띨 비엥 쉐 죄 오씨?
요리사들은 집에서도 요리를 잘할까요?

□ **enseignant(e)** [ɑ̃sɛɲɑ̃, -ɑ̃:t]
앙쎄냥(뜨) n 교사

□ **avocat(e)** [avɔka] 아보까(뜨)
n 변호사

On dit que cet avocat a
beaucoup d'argent.
옹 디 끄 쎄 따보까 아 보꾸 다흐장.
그 변호사는 재산이 무척 많대.

□ **professeur(e)** [pʀɔfesœ:ʀ] 프호페쒜흐
n 교수

Le cours du professeur de
philosophie est vraiment ennuyeux.
르 꾸흐 뒤 프호페쒜흐 드 필로조피 에 브해망 앙뉘외.
철학 교수의 강의는 정말 지루했다.

□ **chauffeur** [ʃofœ:ʀ]
쇼풔흐 m 택시 기사

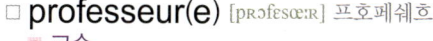

□ **vedette** [vədɛt] 브데뜨 f 연예인

Pourquoi on est curieux de connaître la vie
privée des vedettes?
뿌흐꾸아 옹 네 뀌히외 드 꼬네트흐 라 비 프히베 데 브데뜨?
연예인의 사생활이 왜 그렇게 궁금할까요?

□ **acteur(trice) de télévision**
[aktœ:ʀ, -tʀis də televizjɔ̃]
악뛰흐(트히스) 드 뗄레비지옹 n 탤런트

Mon frère aime beaucoup cette
actrice de télévision.
몽 프헤흐 엠므 보꾸 쎄 딱트히쓰 드 뗄레비지옹.
우리 오빠는 저 여자 탤런트를 너무 좋아해.

□ **soldat** [sɔlda]
쏠다 m 군인

1 인간
2 가정
3 수
4 도시
5 교통
6 업무
7 쇼핑
8 스포츠·취미
9 자연

155

□ **charpentier** [ʃaʁpɑ̃tje]
샤흐빵띠에 m 목수

□ **acteur** [aktœ:ʁ] 악뙤흐
m 남자 배우

□ **actrice** [aktʁis] 악트히스
f 여자 배우

□ **fermier(ère)** [fɛʁmje, -ɛ:ʁ] n 농부
페흐미에(흐) n 농부

Mon père est fermier.
몽 뻬흐 에 페흐미에.
우리 아버지는 농부이다.

□ **interprète** [ɛ̃tɛʁpʁɛt]
앵떼흐프헤트 n 통역사

L'interprète est belle et jeune.
랭떼흐프헤뜨 에 벨르 에 죈느.
통역사는 젊고 예쁜 여자다.

□ **réalisateur(trice)**
[ʁealizatœ:ʁ, -tʁis]

헤알리자뙤흐(트히스) n 영화감독

□ **jardinier(ère)** [ʒaʁdinje, -ɛ:ʁ]
쟈흐디니에(흐) n 원예사

156

□ **facteur(trice)** [faktœːʀ, -tʀis]
팍뙤흐(트히스) n 우편집배원

□ **salarié(e)** [salaʀje]
쌀라히에 n 샐러리맨

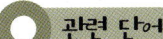
관련 단어

□ **femme au foyer** [fam o fwaje] 팜므 오 푸와예 f 가정주부
□ **comptable** [kɔ̃tabl] 꽁따블르 n 회계사

Dialogue

A: Excusez-moi, qu'est-ce que vous faites dans la vie?
엑스뀌제-무와, 께스끄 부 페뜨 당 라 비?
실례지만, 어떤 일을 하세요?

B: Je suis cuisinier.
쥬 쒸 뀌지니에.
전 요리사입니다.

A: Ah, bon? Quel genre de plats vous cuisinez généralement?
아 봉? 껠 쟝흐 드 쁠라 부 뀌지네 제네할르망?
아, 그러세요? 어떤 음식을 주로 만드세요?

B: Je fais dans le plat italien.
쥬 페 당 르 쁠라 이딸리엥.
이태리 요리를 전문으로 만들지요.

157

poste 뽀스뜨 **직위**

☐ **président(e)** [pʀezidɑ̃, -ɑ̃:t]
프헤지당(뜨) n 회장, 이사장

☐ **secrétaire** [s(ə)kʀetɛ:ʀ]
스크헤떼흐 n 비서

☐ **collègue** [kɔ(l)leg] 꼴레그 n 동료
Aujourd'hui, j'ai un dîner avec
mes collègues.
오쥬흐디, 줴 엉 디네 아베끄 메 꼴레그.
오늘 직장 동료들과 회식이 있다.

☐ **supérieur** [sypeʀjœ:ʀ]
쉬뻬히외흐 m 상사

☐ **subalterne** [sybaltɛʀn]
쉬발떼흔느 n 부하

☐ **entretien** [ɛgzamɛ̃ ɔʀal] 앙트르띠엥 m 면접
☐ **examinateur(trice)** [ɛgzaminatœ:ʀ, tʀis]
에그자미나뙤흐(트히스) n 면접관, 시험관

☐ **interviewé(e)** [ɛ̃tɛʀvjuve]
앵떼흐뷔베 n 면접 보는 사람

J'ai posément répondu à la question de
l'examinateur.
줴 뽀제망 헤뽕뒤 알 라 께스띠옹 들 레그자미나뙤흐.
나는 면접관의 질문에 침착하게 대답했다.

158

1 인간

2 가정

3 수

4 도시

5 교통

6 업무

7 쇼핑

8 스포츠·취미

9 자연

관련 단어

- □ **siège** [sjɛːʒ] 씨에쥬 m 본사
- □ **succursale** [sykyʀsal] 쒸뀌흐쌀르 f 지사
- □ **directeur(trice)** [diʀɛktœːʀ, -tʀis] 디헥뙤흐(트히스) n 사장, 대표이사
- □ **sous-directeur(trice)** [sudiʀɛktœːʀ, -tʀis] 수-디헥뙤흐(트히스) n 부사장
- □ **administrateur(trice)** [administʀatœːʀ, -tʀis] 아드미니스트하뙤흐(트히스) n 전무
- □ **administrateur(trice) délégué(e)** [administʀatœːʀ, -tʀis delege] 아드미니스트하뙤흐(트히스) 델레게 n 상무
- □ **chef de bureau** [ʃɛf də byʀo] 쉐프 드 뷔호 m 과장
- □ **personnel** [pɛʀsɔnɛl] 뻬흐쏘넬 m 직원
- □ **nouvel employé** [nuvɛl ɑ̃plwaje] 누벨 앙쁠루아예 m 신입 사원
- □ **employé subalterne** [ɑ̃plwaje sybaltɛʀn] 앙쁠루아예 쉬발떼흔느 m 부하 직원

Dialogue

A: Allô? Ici le secrétariat du siège.
L'administrateur Lee est-il là?
알로? 이씨 르 스크헤따히아 뒤 씨에쥬. 라드미니스트하뙤흐 리 에 띨 라?
여보세요, 여기는 본사 비서실입니다. 이 전무님 계십니까?

B: Désolé, mais il est en conférence.
데졸레, 메 일 레 땅 꽁페항스.
죄송하지만, 지금 회의 중이십니다.

A: Alors, dites-lui que le président le cherche.
알로흐, 디뜨-뤼 끌 르 프헤지당 르 쉐흐슈.
그러면, 회장님이 찾으신다고 전해 주세요.

B: D'accord!
다코흐!
예, 알겠습니다!

travail 트하바이으 일

□ **promotion** [pʀɔmosjɔ̃]
프호모씨옹 **f** 승진

□ **retraite** [ʀətʀɛt] 흐트헤뜨
f 퇴직

□ **voyage d'affaires**
[vwaja:ʒ dafɛ:ʀ] 부아야쥬 다페흐

m 출장

Il va en voyage d'affaires
en France.
일 바 앙 부아야쥬 다페흐 앙 프항스.
그는 프랑스로 출장을 간다.

□ **réunion** [kɔ̃feʀɑ̃:s] 헤위니옹
f 회의

Je n'ai pas déjeuné à cause
de la réunion.
쥬 네 빠 데줴네 아 꼬즈 들 라 헤위니옹.
회의 때문에 점심도 못 먹었다.

□ **vacances** [vakɑ̃:s] 바깡스 **fpl** 휴가
Je ne peux pas poser mes vacances
car je suis occupé.
쥬 느 쁴 빠 뽀제 메 바깡스 까흐 쥬 쒸 조뀌뻬.
바빠서 휴가 계획을 잡을 수 없다.

□ **pension** [pɑ̃sjɔ̃] 빵씨옹 **f** 연금
Mon père recevra la pension
après sa retraite.
몽 뻬흐 흐쓰브하 라 빵씨옹 아프헤 싸 흐트
헤뜨.
아버지는 퇴직 후 연금을 받으신다.

1 인간

2 가정

3 수

4 도시

5 교통

6 업무

7 쇼핑

8 스포츠·취미

9 자연

관련 단어

□ **salaire** [salɛːʀ] 쌀레흐 m 월급

□ **jour de paie** [ʒuːʀ də pɛ] 쥬흐 드 빼 m 월급날

□ **prime** [pʀim] 프힘므 f 보너스

□ **négocier** [negɔsje] 네고씨에 협상하다

□ **passer l'examen oral** [pɑse lɛgzamɛ̃ ɔʀal] 빠쎄 레그자멩 오할
　면접 시험을 보다

□ **curriculum vitæ** [kyʀikylɔmvite] 뀌히뀔롬 비떼 m 이력서

□ **recruter** [ʀəkʀyte] 흐크휘떼 채용하다

□ **obtenir un emploi** [ɔptəniːʀ œ̃ ɑ̃plwa] 옵뜨니흐 에 낭쁠루와
　취직하다

□ **commencer** [kɔmɑ̃se] 꼬망쎄 시작하다

□ **aller travailler** [ale tʀavaje] 알레 트하바이에 출근하다

□ **sortir du bureau** [kite lə byʀo] 쏘흐띠흐 뒤 뷔호 퇴근하다

□ **s'absenter** [sapsɑ̃te] 쌉쌍떼 결근하다

□ **service** [sɛʀvis] 쎄흐비쓰 m 근무, 업무

□ **heures de bureau** [œ̃ːʀ də byʀo] 외흐 드 뷔호 fpl 근무 시간

□ **travailleur à statut** [tʀavajœːʀ a staty] 트하바이에흐 아 스따뛰
　n 정규직 근로자

□ **emploi temporaire** [ɑ̃plwa tɑ̃pɔʀɛːʀ] 앙쁠루와 땅뽀헤흐 m 임시직

□ **profession libérale** [pʀɔfɛsjɔ̃ libeʀal] 프호페씨옹 리베할
　f 자유직, 전문직

□ **free-lance** [fʀilɑ̃s] 프히랑쓰 m 프리랜서, 자유직 종사자

bureau 뷔호 사무실

☐ **bureau** [byʀo] 뷔호 m 사무용 책상
Quel produit est bon pour le
bureau?
껠 프호뒤 에 봉 뿌흐 르 뷔호?
사무용 책상은 어떤 제품이 좋습니까?

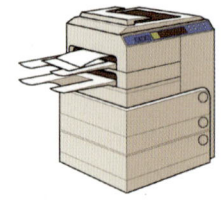

☐ **photocopieuse** [fɔtɔkɔpjøːz]
포또꼬삐외즈 m 복사기

☐ **photocopier** [fɔtɔkɔpje]
포또꼬삐에 복사하다

☐ **fac-similé** [faksimile]
팍씨밀레 m 팩시밀리

☐ **téléphone** [telefɔn]
뗄레폰느 m 전화기

☐ **portable** [pɔʀtabl] 뽀흐따블르 m 휴대폰
Oh là là! C'est le portable à la mode!
올 라 라! 쎌 르 뽀흐따블르 알 라 모드!
와! 그거 유행하는 휴대폰이구나!

□ **calculatrice** [kalkylatœːʀ]
깔뀔라트히스 f 계산기

□ **agenda** [aʒɛ̃da] 아졍다 m 다이어리

Je n'utilise pas souvent l'agenda.
쥬 뉘띨리즈 빠 수방 라졍다.
나는 다이어리를 잘 쓰지 않는다.

□ **calendrier** [kalɑ̃dʀije]
깔랑드히에 m 달력

Oh, je dois encore tourner une
page du calendrier.
오, 쥬 두아 앙꼬흐 뚜흐네 윈느 빠쥬 뒤 깔랑드히에.
휴, 달력을 또 한 장 넘겨야겠네.

□ **cadre** [kɑːdʀ]
꺄드흐 m 액자

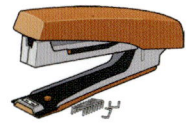

□ **agrafeuse** [agʀaføːʀ] 아그하풰즈
f 스테이플러

□ **punaise** [pynɛːz]
쀠네즈 f 압정

Classez et agrafez ces dossiers,
s'il vous plaît.
끌라쎄 에 아그하페 쎄 도씨에, 씰 부 쁠레.
이 서류들 정리해서 스테이플러로 찍어 주세요.

1 인간
2 가정
3 수
4 도시
5 교통
6 업무
7 쇼핑
8 스포츠·취미
9 자연

관련 단어

□ **marqueur** [maʀkœːʀ, øːz] 마흐꿰흐 **m** 매직펜

□ **crayon-bille** [kʀɛjɔ̃bij] 크헤이용–비으 **m** 볼펜

□ **stylo-feutre** [stilɔføːtʀ] 스띨로–푀트흐 **m** 사인펜

□ **blanc** [blɑ̃] 블랑 **m** 수정액

□ **trombone** [tʀɔ̃bɔn] 트홍본느 **m** 클립

□ **papier adhésif** [papje adezif] 빠삐에 아데지프
　m 포스트 잇, 메모 용지

Dialogue

A: Notre photocopieuse est encore tombé en panne.

노트흐 포또꼬삐외즈 에 땅꼬흐 똥베 앙 빤느.

우리 부서 복사기가 또 고장났어.

B: Combien de pages dois-tu photocopier?

꽁비앙 드 빠쥬 두아–뛰 포또꼬삐에?

몇 장을 복사해야 하는데?

A: Quarante pages, je peux utiliser cette photocopieuse?

까항뜨 빠쥬, 쥬 쀠 위띨리제 세뜨 포또꼬삐외즈?

40장. 여기 복사기 좀 사용해도 될까?

B: Okay.

오께.

응, 그래.

ordinateur 오흐디나뙤흐 **컴퓨터**

1 인간

2 가정

3 수

4 도시

5 교통

6 업무

7 쇼핑

8 스포츠·취미

9 자연

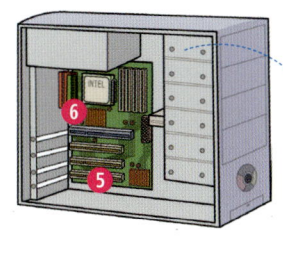
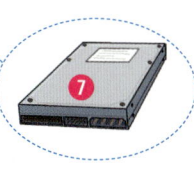

❶ **écran** [ekʀɑ̃] 에크항 m 모니터

❷ **cristaux liquides** [kʀisto likid] 크히스또 리키드 mpl 액정

❸ **clavier** [klavje] 끌라비에 m 키보드

❹ **souris** [suʀi] 수히 f 마우스

❺ **planche** [plɑ̃:ʃ] 쁠랑슈 f 마더보드

❻ **unité centrale** [ynite sɑ̃tʀal] 위니떼 쌍트할 f 중앙 처리 장치, CPU

❼ **disque dur** [disk dy:ʀ] 디스끄 뒤흐 m 하드디스크

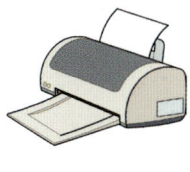

□ **scanner**
[skanɛːʀ] 스꺄네흐
m 스캐너

□ **ordinateur portable**
[ɔʀdinatœːʀ pɔʀtabl]
오흐디나뙤흐 뽀흐따블르
m 노트북 컴퓨터

□ **imprimante**
[ɛ̃pʀimɑ̃t] 앵프히망뜨
f 프린터

관련 단어

- curseur [kyʀsœːʀ] 뀌흐쐬흐 m 커서
- icone [ikoːn] 이꼰느 f 아이콘
- cliquer [klike] 끌리께 클릭하다
- double-cliquer [dubləklike] 두블르-끌리께 더블클릭하다
- glisser-déposer [glise depoze] 글리쎄-데뽀제 m 드래그 앤 드롭
- installer [ɛ̃stale] 앵스딸레 설치하다
- sauvegarder [sovgaʀde] 쏘브갸흐데 백업하다, 저장하다
- classement automatique [klasmɑ̃ ɔ[o]tɔmatik] 끌라쓰망 오또마띠끄 m 자동 정렬
- démarrer [demaʀe] 데마헤 부팅하다
- redémarrer [ʀədemaʀe] 흐데마헤 재부팅하다
- initialisation [inisjalizasjɔ̃] 이니씨알리자씨옹 f 초기화
- copie [kɔpi] 꼬삐 f (파일)복제
- coller [kɔle] 꼴레 붙여넣다
- pupitre [pypitʀ] 쀠삐트흐 m 제어판
- poubelle [pubɛl] 뿌벨르 f 휴지통
- mise à jour [miːz a ʒuːʀ] 미즈 아 주흐 f 업그레이드
- traitement de texte [tʀɛtmɑ̃ də tɛkst] 트헤뜨망 드 떽스뜨 m 워드프로세서
- ouvrir [uvʀiːʀ] 우브히흐 열다
- fermer [fɛʀme] 페흐메 닫다
- éteindre [etɛ̃ːdʀ] 에뗑드흐 전원을 끄다

166

internet 앵떼흐네뜨 인터넷

1 인간

2 가정

3 수

4 도시

5 교통

6 업무

7 쇼핑

8 스포츠·취미

9 자연

☐ **internet explorer**
[ɛ̃tɛʀnɛt ɛksplɔʀe]
앵떼흐네뜨 엑스쁠로헤
ⓜ 인터넷 익스플로러

☐ **site web** [sit wɛb]
씨트 웨브 ⓜ 웹사이트

Eh bien, cherchons le site web?
에 비엥, 쉐흐송 르 씨트 웨브?
글쎄, 웹사이트에 찾아볼까?

☐ **page d'accueil** [paːʒ dakœj]
빠쥬 다뀌이으 ⓕ 홈페이지

C'est expliqué sur la page
d'accueil de notre société.
쎄 엑스쁠리께 쉬흐 라 빠쥬 다뀌이으 드 노
트흐 쏘씨에떼.
저희 회사 홈페이지에 설명되어 있습니다.

☐ **recherche de
renseignements**
[ʀəʃɛʀʃ də ʀɑ̃sɛɲmɑ̃]
흐쉐흐슈 데 항쎄뉴망 ⓕ 정보 검색

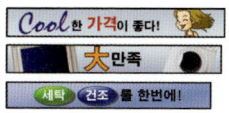

☐ **bannière** [banjɛːʀ] 바니에흐
ⓜ 배너, 띠 모양의 광고

☐ **télécharger** [teleʃaʀʒe]
뗄레샤흐제 다운로드하다

167

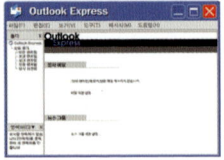

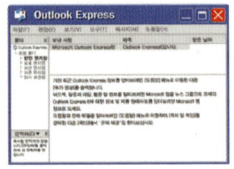

□ **e-mail** [imɛl] 이멜 m 이메일

Je vais envoyer ça par e-mail.
쥬 베 앙부아예 싸 빠흐 이멜.
내가 지금 이메일로 보낼게.

□ **boîte de réception**
[bwat də ʀesɛpsjɔ̃] 부와뜨 드 헤쎕씨옹
f 받은 편지함

□ **messages envoyés**
[mesaːʒ ɑ̃vwaje] 메싸쥬 앙부아이예
mpl 보낸 편지함

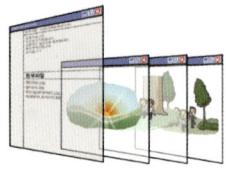

□ **joindre** [ʒwɛ̃ːdʀ] 주엥드흐
첨부하다

□ **caractères** [kaʀaktɛːʀ] 꺄학떼흐
mpl 글꼴

Ces caractères ne sont pas très jolis.
쎄 꺄학떼흐 느 쏭 빠 트헤 졸리.
이 글꼴은 좀 예쁘지가 않아.

□ **addiction à l'internet** [adiksjɔ̃ a lɛ̃tɛʀneet]
아딕씨옹 아 랭떼흐네뜨 f 인터넷 중독

□ **drogué(e) à l'internet** [dʀɔge a lɛ̃tɛʀnet]
드호게 아 랭떼흐네뜨 n 인터넷 중독자

1 인간

2 가정

3 수

4 도시

5 교통

6 업무

7 쇼핑

8 스포츠·취미

9 자연

관련 단어

□ **en ligne** [ɑ̃ liɲ] 앙 리뉴 온라인

□ **tableau(x) d'affichage électronique**
[tablo dafiʃaːʒ elεktʀɔnik] 따블로 다피샤쥬 엘렉트호니끄 mpl **전자 게시판**

□ **blog** [blɔg] 블로그 m **블로그**

□ **adresse IP** [adʀεs ipi] 아드헤스 이피 f **도메인(주소)**

□ **site portail** [sit pɔʀtaj] 시뜨 뽀흐따이으 m **인터넷 포털 사이트**

□ **navigateur** [navigatœːʀ] 나비갸뙤흐 m **인터넷 익스플로러 브라우저**

□ **routeur** [ʀutœʀ] 후뙤흐 m **라우터, 공유기**

□ **bug** [bœg] 붸그 m **프로그램의 오류, 결함**

□ **réseau local** [ʀezo lɔkal] 헤조 로꺌 m **근거리 통신망, 랜**

□ **cookie** [kuki] 꾸끼 m **쿠키**(인터넷 임시 저장 파일)

□ **pare-feu** [paʀfø] 빠흐-풔 m **방화벽**

□ **faire une recherche sur internet**
[fεːʀ yn ʀəʃεʀʃ syʀ ε̃tεʀnεt] 페흐 윈느 흐쉐흐슈 쉬흐 앵떼흐네뜨
인터넷 검색을 하다

□ **commentaire** [kɔmɑ̃tεːʀ] 꼬망떼흐 m **대답, 댓글**

□ **internaute** [ε̃tεʀnot] 앵떼흐노뜨 n **네티즌**

□ **fouineur** [fwinœːʀ] 푸이뇌흐 m **해커**

169

communication 꼬뮈니꺄씨옹 **의사소통**

□ **discuter** [kɔ̃vɛʀse]
디스뀌떼 **대화하다**

□ **saluer** [salɥe] 쌀뤼에
인사하다

□ **s'entendre** [sɑ̃tɑ̃:dʀ] 쌍땅드흐
(사상, 감정이) 서로 통하다

□ **avouer** [avwe] 아부에
고백하다

□ **se disputer** [sə dispyte]
스 디스쀠떼 **말다툼하다**

□ **s'excuser** [sɛkskyze]
쎅스뀌제 **사과하다**

관련 단어

- □ **ton** [tɔ̃] 똥 m 말투, 말씨
- □ **patois** [patwa] 빠뚜아 m 사투리
- □ **geste** [ʒɛst] 제스뜨 m 제스처
- □ **attitude** [atityd] 아띠뛰드 f 태도
- □ **avis** [avi] 아비 m 의견
- □ **sujet** [syʒɛ] 쒸제 m 화제, 주제
- □ **traduire** [tʁadɥiːʁ] 트하뒤흐 번역하다, 통역하다
- □ **invitation** [ɛ̃vitasjɔ̃] 앵비따씨옹 f 초대
- □ **réunion** [ʁeynjɔ̃] 헤위니옹 f 모임
- □ **relation** [ʁəla[a]sjɔ̃] 흘라씨옹 f 관계
- □ **présenter** [pʁezɑ̃te] 프헤장떼 소개하다
- □ **approuver** [apʁuve] 아프후베 찬성하다, 동의하다
- □ **s'opposer à** [sɔpoze a] 쏘뽀제 아 반대하다

Dialogue

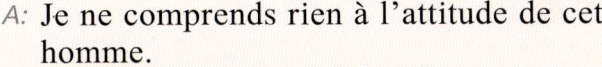

A: Je ne comprends rien à l'attitude de cet homme.
쥬 느 꽁프항 히엥 아 라띠뛰드 드 쎄 똠므.
그 사람 태도는 도대체 알 수가 없네!

B: Il s'est excusé non?
일 세 떽스뀌제. 농.
너한테 사과했잖아.

A: S'il t'excuse sur ce ton, tu peux le pardonner?
씰 떽스뀌즈 쒸흐 쓰 똥, 뛰 쀠 르 빠흐도네?
그런 식으로 사과하면, 넌 받아들일 수 있겠어?

B: C'est à cause de son patois et de son ton dur.
쎄 따 꼬즈 드 쏭 빠뚜아 에 드 쏭 똥 뒤흐.
원래 사투리를 쓰는 데다가, 말투까지 무뚝뚝해서 그런 거야.

1 다음 그림과 단어를 연결해 보세요.

•　　　　　•　　　　　•　　　　　•　　　　　•

•　　　　　•　　　　　•　　　　　•　　　　　•

fermier　　　acteur　　　cuisinier　　　chanteur　　　enseignant

2 다음 단어를 프랑스어 혹은 우리말로 고쳐 보세요.

a) président _____　　　secrétaire _____

　신입사원 _____　　　interviewé _____

　personnel _____

b) aller travailler _____　　　월급 _____

　보너스 _____　　　service _____

3 다음 보기에서 단어를 골라 빈칸에 써넣어 보세요.

> a) calculatrice　　photocopieuse　　　agrafeuse
>   　blanc　　　crayon-bille
> b) installer　　curseur　　cliquer　　souris　　écran

a) 스테이플러 _____　수정액 _____　복사기 _____

　계산기 _____　볼펜 _____

b) 클릭하다 _____　설치하다 _____　모니터 _____

　마우스 _____　커서 _____

4 다음 단어를 프랑스어 혹은 우리말로 고쳐 보세요.

a) 배너 _____   adresse IP _____

온라인 _____   홈페이지 _____   이메일 _____

b) 사투리 _____   invitation _____

s'excuser _____

5 다음 빈칸에 알맞은 프랑스어를 써넣어 보세요.

a) 오늘 구직 면접이 있다.

Aujourd'hui, il y a un _____ d'embauche.

b) 내 컴퓨터는 가끔 다운된다.

Mon _____ est hors service de temps en temps.

c) 이거 한 장만 복사해 주세요.

Je voudrais _____ une page, s'il vous plaît.

d) 이메일로 이력서를 보내주세요.

Envoyez votre _____ par _____.

---

1 요리사 – cuisinier   가수 – chanteur   농부 – fermier   교사 – enseignant
남자 배우 – acteur

2 a) 회장   비서   nouvel employé   면접 보는 사람   직원
b) 출근하다   salaire   prime   근무

3 a) agrafeuse   blanc   photocopieuse   calculatrice   crayon-bille
b) cliquer   installer   écran   souris   curseur

4 a) bannière   도메인   en ligne   page d'accueil   e-mail
b) patois   초대   사과하다

5 a) entretion   b) ordinateur   c) photocopier   d) curriculum vitæ / e-mail

THEMATIC FRENCH WORDS

Theme 7

→ achat 아샤 쇼핑

1 인간
2 가정
3 수
4 도시
5 교통
6 업무
7 쇼핑
8 스포츠·취미
9 지연

centre commercial 쌍트르 꼬메흐씨알 **쇼핑센터**

□ **caissier(ère)** [kɛ[e]sje, -ɛːʀ]
깨씨에(흐) n 계산원

□ **caisse** [kɛs] 깨쓰 f 계산대

□ **billet** [bijɛ] 비예 m 지폐
□ **monnaie** [mɔnɛ] 모네 f 동전

□ **chariot** [ʃaʀjo] 샤히오
m (쇼핑) 카트

Maman, je vais pousser le chariot.
마망, 쥬 배 뿌쎄 르 샤히오.
엄마, 쇼핑 카트는 내가 밀고 갈게요.

□ **vendeur(se)** [vɑ̃dœːʀ, -øːz]
방되흐(즈) n 점원

Où sont les brosses à dents? Je dois demander au vendeur.
우 쏭 레 브호쓰 아 당? 쥬 두아 드망데 오 방되흐.
칫솔이 어디 있지? 점원에게 물어봐야겠네.

□ **client(e)** [klijɑ̃, -ɑ̃ːt]
끌리앙(뜨) n 고객

176

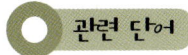 **관련 단어**

- □ **rayon** [ʀɛjɔ̃] 헤이용 m 코너, 전문
- □ **étalage** [evɑ̃tɛːʀ] 에딸라주 m 판매대
- □ **code bar** [kɔd baːʀ] 꼬드 바흐 m 바코드
- □ **tarif** [taʀif] 따히프 m 가격표
- □ **chèque** [ʃɛk] 쉐끄 m 수표
- □ **espèce** [ɛspɛs] 에스뻬스 f 현금
- □ **monnaie** [mɔnɛ] 모네 f 잔돈
- □ **faire du lèchevitrine** [fɛːʀ dy lɛʃvitʀin]
  페흐 뒤 레슈비트힌느 윈도쇼핑하다
- □ **marque** [maʀk] 마흐끄 f 브랜드, 상표
- □ **cadeau** [kado] 꺄도 m 선물
- □ **emballer** [ɑ̃bale] 앙발레 포장하다
- □ **solde** [sɔld] 쏠드 m 바겐세일
- □ **produit en solde** [pʀɔdyi ɑ̃ sɔld] 프호뒤 앙 쏠드 m 특가 상품
- □ **renvoyer** [ʀɑ̃vwaje] 항부아예 반품하다

Dialogue

A: Ce sont les soldes du grand magasin. Si on allait faire des achats?
스 쏭 레 솔드 뒤 그항 마가쟁. 씨 오 날레 페흐 데 자샤?
백화점에서 바겐 세일한다는데, 쇼핑 가지 않을래?

B: D'accord. Je dois acheter un cadeau pour maman.
다꼬흐. 쥬 드와 아슈떼 엥 꺄도 뿌흐 마망.
그래. 마침 난 엄마 선물도 사야 해.

A: Super. Sortons vers deux heures.
쉬뻬흐. 쏘흐똥 베흐 되 죄흐.
잘됐네. 이따 두 시쯤 나가자.

□ **vêtement pour homme**
[vɛtmɑ̃ puːʁ ɔm] 베뜨망 뿌흐 옴므

🄼 남성복

□ **vêtement pour femme** [vɛtmɑ̃ puːʁ fam]
베뜨망 뿌흐 팜므 🄼 여성복

□ **produit de beauté** [pʁɔdɥi də bote]
프호뒤 드 보떼 🄼 화장품

Ce produit de beauté est trop riche.
쓰 프호뒤 드 보떼 에 트호 히슈.
이 화장품은 유분이 많은 것 같네요

□ **articles divers**
[aʁtikl divɛːʁ]

아흐띠끌 디베흐 🄼🄿🄻 잡화

□ **jouet** [ʒwɛ] 쥬에 🄼 장난감
Pouvez-vous recommander des jouets
pour un enfant de cinq ans?
뿌베-부 흐꼬망데 데 쥬에 뿌흐 에 낭팡 드 쌩 깡?
다섯 살짜리 사내아이에게 어떤 장난감이 좋을까요?

□ **vaissellerie** [vɛselʀi]
베쎌르히 **f** 주방용품 코너

Comme il y a beaucoup de
types de vaisselle!
꼼므 일 리 아 보꾸 드 띱 드 베쎌르!
주방용품 종류가 어쩌면 이렇게도 많으냐!

□ **électroménager**
[elektʀɔmenaʒe] 엘렉트호메나제
m 가전제품

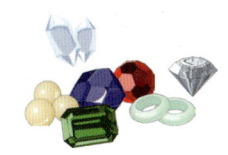

□ **bijou** [biʒu] 비쥬 **m** 보석

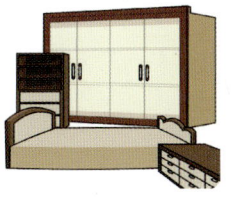

□ **meuble** [mœbl] 뫼블르 **m** 가구

Tant qu'on y est, regardons les
meubles.
땅 꽁 니 에, 흐갸흐동 레 뫼블르.
우리 이왕 왔으니 가구도 구경하고 가자.

□ **aliments** [alimã] 알리망 **mpl** 식품

□ **papeterie** [papt(ə)ʀi, papetʀi]
빠쁘트히, 빠뻬트히 **f** 문방구

1 인간
2 가정
3 수
4 도시
5 교통
6 업무
7 쇼핑
8 스포츠·취미
9 자연

179

 *Unit 02*

aliments 알리망 **식품**

☐ **pain** [pɛ̃] 뺑 **m** 빵

☐ **riz** [ʀi] 히 **m** 쌀

☐ **conserve** [kɔ̃sɛʀv]
꽁세흐브 **f** 통조림

☐ **œuf** [œf] 외프 |
m 계란

☐ **lait** [lɛ] 레 **m** 우유

☐ **fruit** [fʀɥi] 프휘
m 과일

☐ **légume** [legym]
레귐므 **m** 채소

☐ **glace** [glas] 글라쓰
f 아이스크림

☐ **boisson gazeuse**
[bwasɔ̃ gazø:z] 부아쏭 가쾨즈
f 탄산음료

☐ **jus** [ʒy] 쥐 **m** 주스
Je veux boire du jus de citron frais.
쥬 뵈 부아흐 뒤 쥐 드 씨트홍 프헤.
생 레몬 주스 마시고 싶다.

180

□ sel [sɛl] 쎌 m 소금　　□ sucre [sykʀ] 쉬크흐 m 설탕　　□ ketchup [ketʃœp] 케첩 m 케첩

관련 단어

□ **surgelé** [syʀʒəle] 쉬흐즐레 m 냉동식품

□ **huile** [ɥil] 윌르 f 식용유

□ **farine** [faʀin] 파힌느 f 밀가루

□ **exhausteur de goût** [ɛgzostœːʀ də gu] 에그조스뙤흐 드 구 m 조미료

□ **sauce moutarde** [soːs mutaʀd] 쏘쓰 무따흐드 f 겨자 소스

□ **sauce de soja** [soːs də sɔʒa] 쏘스 드 소자 f 간장

□ **vinaigre** [vinɛgʀ] 비네그흐 m 식초

□ **biscuit** [biskɥi] 비스뀌 m 과자

□ **boisson** [bwasɔ̃] 부아쏭 f 음료수

□ **boisson pour sportifs** [bwasɔ̃ pu(ː)ʀ spɔʀtif]
부아쏭 뿌흐 스뽀흐띠프 f 스포츠 드링크

Dialogue

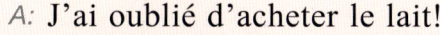

A: **J'ai oublié d'acheter le lait!**
�줴 우블리에 다슈떼 를 레!
우유 사는 걸 깜빡했네!

B: **Je vais le chercher. Où est le lait?**
쥬 베 르 셰흐셰. 우 에 를 레?
내가 가서 가져올게. 우유가 어디에 있더라?

A: **C'est au rayon laitages.**
쎄 또 헤이용 레따쥬.
저쪽 유제품 코너에 있어.

181

vêtements pour homme
베뜨망 뿌호 옴므 **남성복**

□ **veste** [vɛstɔ̃] 베스뜨
🇫 상의, 윗도리

Si tu as chaud, tu peux enlever
ta veste.
씨 뛰 아 쇼, 뛰 쁴 앙르베 따 베스뜨.
더우면 상의는 벗어도 돼.

□ **blouson** [bluzɔ̃] 블루종
🇲 점퍼, 재킷

□ **T-shirt** [tiʃœʀt] 띠셰흐뜨 🇲 티셔츠
La couleur du T-shirt est très
belle / élégante.
라 꿀뤠흐 뒤 띠셰흐뜨 에 트헤 벨 / 엘레강뜨.
이 티셔츠 색깔이 참 멋있다.

□ **pull-over** [pulɔvœːʀ, pylɔveːʀ]
쀨오베흐 🇲 스웨터

□ **chemise** [ʃ(ə)miːz]
슈미즈 🇫 와이셔츠

□ **polo** [pɔlo] 뽈로 🇲 폴로셔츠

182

□ **pantalon** [pɑ̃talɔ̃] 빵딸롱 m 바지

□ **jean** [dʒin] 진 m 청바지

□ **bermuda** [bɛʀmyda]
베흐뮈다 m 반바지

□ **costume** [kɔ̃plɛ]
꼬스뜀므 m 정장

□ **caleçon** [kalsɔ̃]
꺌르송 m (사각)팬티

□ **habit** [abi] 아비 m 예복

□ **tenue de sport** [tǝny dǝ spɔ:ʀ]
뜨뉘 드 스뽀흐 f 운동복

1 인간
2 가정
3 수
4 도시
5 교통
6 업무
7 쇼핑
8 스포츠·취미
9 자연

관련 단어

- **gilet** [ʒilɛ] 질레 **m** 조끼
- **sous-vêtement** [suvɛtmã] 수-베뜨망 **m** 속옷
- **vêtement de tous les jours** [vɛtmã də tu le ʒuːʀ] 베뜨망 드 뚤 레 쥬흐 **m** 평상복
- **imperméable** [ɛ̃pɛʀmeabl] 엥뻬흐메아블르 **m** 비옷
- **salopette** [salɔpɛt] 쌀로뻬뜨 **f** 멜빵 바지
- **combinaison de ski** [kɔ̃binɛzɔ̃ də ski] 꽁비네종 드 스끼 **f** 스키복
- **maillot de bain** [majo də bɛ̃] 마이요 드 뱅 **m** 수영복
- **slip de bain** [slip də bɛ̃] 슬립 드 뱅 **m** 수영 팬티
- **cabine d'essayage** [kabin deseja:ʒ] 꺄빈 데세이야쥬 **f** 피팅룸
- **être serré(e)** [ɛtʀ sɛʀe] 에트흐 쎄헤 타이트하다
- **être lâche** [ɛtʀ lɑ:ʃ] 에트흐 라슈 헐렁하다
- **col rond** [kɔl ʀɔ̃] 꼴 홍 **m** 라운드 넥
- **col en V** [kɔl ɑ̃ ve] 꼴 랑 베 **m** 브이넥
- **col** [kɔl] 꼴 **m** 옷깃
- **bouton** [butɔ̃] 부똥 **m** 단추
- **manche** [mɑ̃:ʃ] 망슈 **f** 소매
- **poche** [pɔʃ] 뽀슈 **f** 주머니
- **doublure** [dubly:ʀ] 두블뤼흐 **f** 안감

1 인간

2 가정

3 수

4 도시

5 교통

6 업무

7 쇼핑

8 스포츠·취미

9 자연

Dialogue

A: Qu'est-ce que vous cherchez?
께스 끄 부 쉐흐쉐?
무엇을 찾으세요?

B: Je voudrais acheter un pull-over.
쥬 부드헤 아슈떼 엥 뿔-오베흐.
스웨터를 하나 사려고요.

A: Que pensez-vous cet article? C'est nouveau.
끄 빵쎄-부 쎄 따흐띠끌르? 쎄 누보.
이건 어떠세요? 신상품이에요.

B: Ça me plaît. Vous l'avez en noir?
싸 므 쁠레. 부 라베 앙 누아흐?
괜찮네요. 검은색 있나요?

A: Bien sûr, un moment, s'il vous plaît.
비엥 쉬흐. 엥 모망. 씰 부 쁠레.
예, 잠깐만 기다려 주세요.

Unit 04

vêtement pour femme
베뜨망 뿌흐 팜므 **여성복**

□ **chemisier** [ʃ(ə)mizje]
슈미지에 ⓜ 블라우스

□ **jupe** [ʒyp] 쥐쁘 ⓕ 치마, 스커트
Ta jupe est trop courte.
따 쥐쁘 에 트호 꾸흐뜨.
너 스커트 길이가 너무 짧은 거 같다.

□ **trench-coat** [tʀɛnʃkot]
트헹슈-꼬뜨 ⓜ 트렌치코트

Les gens chics portent un trench-coat.
레 쟝 쉬크 뽀흐뜨 옹 트헹슈-코뜨.
멋쟁이들은 트렌치코트를 입고 있다.

□ **robe** [ʀɔb] 호브
ⓕ 원피스

□ **cardigan** [kaʀdigɑ̃] 꺄흐디강
ⓜ 카디건

J'ai acheté un cardigan en prévision de l'automne.
쥬 아슈떼 엥 꺄흐디강 앙 프헤비지옹 드 로똔느.
나는 가을을 대비하여 카디건을 하나 샀다.

□ **vêtement de soirée**
[vɛtmɑ̃ swaʀe] 베뜨망 드 수와헤
ⓜ 야회복

186

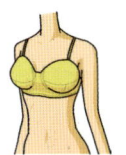

□ **soutien-gorge** [sutjɛ̃gɔʀʒ]
수티엥-고흐쥬 m 브래지어

□ **collant** [kɔlɑ̃] 꼴랑 m 팬티스타킹

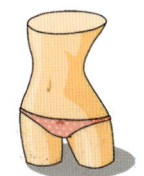

□ **slip** [slip] 슬립 m 삼각팬티

관련 단어

□ **jupon** [ʒypɔ̃] 쥐뽕 m 슬립, 속치마
□ **négligé** [negliʒe] 네글리제 m 잠옷, 네글리제
□ **corset** [kɔʀsɛ] 코흐쎄 m 코르셋, 거들
□ **bas** [bɑ] 바 m 스타킹
□ **débardeur** [debaʀdœːʀ] 데바흐되흐 m 민소매
□ **zip** [zip] 지쁘 m 지퍼
□ **dentelle** [dɑ̃tɛl] 당뗄르 f 레이스

1 인간
2 가정
3 수
4 도시
5 교통
6 업무
7 쇼핑
8 스포츠·취미
9 자연

chaussures · etc 쇼쉬흐 · 에뜨쎄떼하 **신발 · 기타**

□ **talons hauts** [talɔ̃ o]
딸롱 오 mpl 하이힐

□ **basket** [baskɛt] 바스께뜨
f (끈 매는) 운동화

□ **chaussette**
[ʃosɛt] 쇼세트 f 양말

□ **chaussures en cuir** [ʃosyːʀ ɑ̃ kɥiːʀ]
쇼쉬흐 앙 뀌흐 fpl (가죽)구두

Aujourd'hui j'ai mis des nouvelles
chaussures, mais qu'est-ce qu'il pleut!
오주흐니, 제 미 데 누벨 쇼쉬흐, 메 께스 낄 쁠뢰.
오늘 새 구두를 신었는데, 비가 엄청 오네!

□ **bottes** [bɔt] 보뜨 fpl 부츠

🔵 **관련 단어**

□ **sandale** [sɑ̃dal] 쌍달 f 샌들

□ **chausson** [ʃosɔ̃] 쇼쏭 m 슬리퍼

□ **collier** [kɔlje] 꼴리에 m 목걸이

□ **bracelet** [bʀaslɛ] 브하슬레 m 팔찌

□ **boucles d'oreilles** [bukl dɔʀɛj] 부끌르 도헤이으 fpl 귀걸이

□ **broche** [bʀɔʃ] 브호슈 f 브로치

□ **bague** [bag] 바그 f 반지

☐ **chapeau** [ʃapo]
샤뽀 m 모자

☐ **casquette** [kaskɛt]
꺄스께뜨 f 야구 모자

☐ **cravate** [kʀavat]
크하바뜨 f 넥타이

☐ **gant** [gɑ̃] 강 m 장갑

☐ **foulard** [fula:ʀ] 풀라흐 m
스카프

☐ **mouchoir** [muʃwa:ʀ]
무슈와흐 m 손수건

🔑 관련 단어

☐ **nœud papillon** [nø papijɔ̃] 뇌 빠삐용 m 나비넥타이

☐ **ceinture** [sɛ̃ty:ʀ] 쎙뛰흐 f 벨트

☐ **lunettes** [lynɛt] 뤼네뜨 fpl 안경

☐ **barrette** [ba[ɑ]ʀɛt] 바헤뜨 f 머리핀

☐ **chouchou** [ʃuʃu] 슈슈 m 머리끈

1 인간
2 가정
3 수
4 도시
5 교통
6 업무
7 쇼핑
8 스포츠·취미
9 자연

produit de beauté 프호뒤 드 보떼 **화장품**

□ **lotion faciale** [losjɔ̃ fasjal]
로씨옹 파씨알 f 스킨

□ **lotion** [losjɔ̃] 로씨옹 f 로션

□ **crème nutritive** [kʀɛm nytʀitiv]
크헴므 뉘트히띠브 f 영양 크림

□ **compact** [kɔ̃pakt]
꽁팍뜨 m 콤팩트

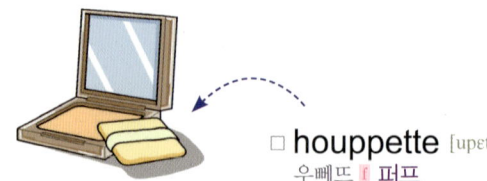

□ **houppette** [upɛt]
우뻬뜨 f 퍼프

□ **fond de teint** [fɔ̃ də tɛ̃] 퐁 드 땡 m 파운데이션
La couleur de ce fond de teint ne convient pas
à ma peau.
라 꿀뢰흐 드 스 퐁 드 땡 느 꽁비엥 빠 자 마 뽀.
이 파운데이션 색조는 내 얼굴에 맞지 않는다.

□ **mascara** [maskaʀa]
마스꺄하 m 마스카라

□ **rouge à lèvre** [ʀuːʒ a lɛːvʀ]
후쥬 아 레브흐 m 립스틱

□ **parfum** [paʀfœ̃] 빠흐핑 m 향수
Que pensez-vous de ce parfum?
끄 빵쎄-부 드 스 빠흐핑?
이 향수 냄새 어때요?

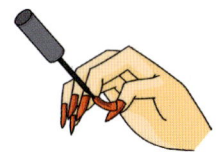

□ **manucure** [manykyːʀ]
마뉘뀌흐 n 매니큐어

□ **se peigner les cheveux**
[s(ə) pɛ[e]ɲe le ʃ(ə)vø] 스 뻬녜 레 슈뵈

머리를 빗다

□ **se maquiller** [sə makije]
쓰 마끼예 화장하다

De nombreuses femmes se
maquillent dans le métro.
드 농브회즈 팜므 스 마끼으 당 르 메트흐.
요즘 지하철에서 화장하는 여자들이 많더라.

1 인간

2 가정

3 수

4 도시

5 교통

6 의무

7 소핑

8 스포츠·취미

9 자연

관련 단어

□ brillant à lèvres [bʀijã a lɛːvʀ] 브히앙 아 레브흐 **m** 립글로스

□ fard à joues [faːʀ a ʒu] 파흐 아 쥬 **f** 볼터치

□ khôl [kol] 꼴 **m** 아이섀도

□ démaquillant [demakijã] 데마끼앙 **m** 클렌징크림

□ crème bronzante [kʀɛm bʀɔ̃zãt] 크헴므 브홍쟝뜨 **f** 선탠 크림

□ crème solaire [kʀɛm sɔlɛːʀ] 크헴므 쏠레흐 **f** 자외선 차단 크림

□ savon [savɔ̃] 싸봉 **m** 비누

□ soin de la peau [swɛ̃ də la po] 수앵 들 라 뽀
  m 피부 미용 관리, 스킨케어

□ gel coiffant [ʒɛl kwafã] 젤 꾸아팡 **m** 헤어 젤

□ sèche-cheveux [seʃʃəvø] 쎄슈-슈뵈 **m** 헤어드라이어

192

électroménager 엘렉트호메나제 **가전제품**

1 인간

2 가정

3 수

4 도시

5 교통

6 업무

7 쇼핑

8 스포츠·취미

9 자연

□ **télévision** [televizjɔ̃]
뗄레비지옹 f **텔레비전**

□ **caméscope** [kameskɔp]
까메스꼬쁘 m **캠코더**

C'est le nouveau caméscope
pour filmer sous l'eau.
쎄 르 누보 까메스꼬쁘 뿌흐 필메 술 로.
이건 새로 나온 수중 촬영용 캠코더야.

□ **machine à laver** [maʃin a lave]
마쉰 알 라베 f **세탁기**

Tu ne sais pas encore comment
utiliser la machine à laver?
뛰 느 쎄 빠 장꼬흐 꼬망 위띨리제 라 마쉰 알 라베?
너, 아직 세탁기 사용법도 모르니?

□ **frigo** [fʁigo] 프히고
m **냉장고**

□ **climatisation** [klimatizasjɔ̃]
끌리마띠자씨옹 f **에어컨**

Quel type de climatisation dois-
je acheter?
껠 띱 드 끌리마띠자씨옹 두아-쥬 아슈떼?
에어컨은 어떤 것으로 사면 좋을까요?

□ **système de chaîne**
[sistem də ʃɛn] 씨스뗌 드 쉔느
m **오디오 시스템**

193

□ **autocuiseur** [ɔ[o]tɔkɥizœːʀ]
오또뀌죄흐 m 전기밥솥

Les autocuiseurs ont beaucoup
de fonctions de nos jours.
레 조또뀌죄흐 옹 보꾸 드 퐁씨옹 드 노 쥬흐.
요즘 전기밥솥은 기능이 무척 다양하다.

□ **mixeur** [miksœːʀ]
믹쇠흐 m 믹서

□ **téléphone** [telefɔn] 뗄레폰느
m 전화기

Tu utilises ce téléphone
pendant longtemps!
뛰 위띨리즈 쓰 뗄레폰느 빵당 롱땅!
이 전화기 무척 오래 쓰는구나.

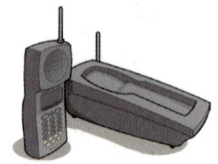

□ **radiotéléphonie** [ʀadjɔtelefɔni]
하디오뗄레포니 f 무선전화기

□ **lecteur CD** [lɛktœːʀ sede]
렉뙤흐 쎄데 m 시디플레이어

Aujourd'hui, les gens n'utilisent
pas beaucoup le lecteur CD.
오쥬흐디, 레 쟝 뉘띨리즈 빠 보꾸 르 렉뙤흐 쎄데.
요즘 시디플레이어 쓰는 사람 별로 없더라.

□ **fer électrique** [fɛːʀ elɛktʀik]
페흐 엘렉트히끄 m 전기다리미

1 인간

2 가정

3 수

4 도시

5 교통

6 업무

7 쇼핑

8 스포츠·취미

9 자연

관련 단어

☐ **gazinière** [gazinjɛːʀ] 가지니에흐 f 가스레인지

☐ **ventilateur** [vɑ̃tilatœːʀ] 방띨라뙤흐 m 선풍기

☐ **micro-ondes** [mikʀɔ̃ːd] 미크호옹드 m 전자레인지

☐ **télécommande** [telekɔmɑ̃ːd] 뗄레꼬망드 f 리모컨

☐ **humidificateur** [ymidifikatœːʀ] 위미디피꺄뙤흐 m 가습기

☐ **lave-vaisselle** [lavvɛsɛl] 라브 베쎌 m 식기 세척기

☐ **allumer** [alyme] 알뤼메 켜다

☐ **éteindre** [etɛ̃ːdʀ] 에뗑드흐 끄다

Dialogue

A: Je veux baisser un peu la vitesse du ventilateur.
쥬 뵈 베쎄 엥 쀠 라 비떼스 뒤 방띨라뙤흐.
선풍기 바람 조금만 약하게 했으면 좋겠어.

B: Mais j'ai trop chaud. J'espère entrer dans le réfrigérateur.
메 제 트호 쇼, 맹뜨낭. 제스뻬흐 앙트헤 당 르 헤프히제하뙤흐.
난 너무 더워서 냉장고 속에라도 들어가고 싶은데.

A: Desolé, la climatisationa est tombée en panne.
데졸레, 라 끌리마띠자씨옹 에 똥베 앙 빤느.
미안해, 에어컨이 고장나서.

Unit 08

bijou 비주 **귀금속**

□ **rubis** [ʀybi] 휘비 m 루비

Autrefois, les rubis artificiels
étaient plus chers.
오트흐푸아, 레 휘비 아흐티피씨엘 에떼 쁠뤼 쉐흐.
한때 인조 루비가 더 비싼 적이 있었다.

□ **saphir** [safiːʀ] 싸피흐
m 사파이어

□ **perle** [pɛʀl] 뻬흘르 f 진주

La perle se forme entre la
coquille et le manteau de
certains mollusques.
라 뻬흘르 스 포흠므 앙트흐 라 꼬끼으 에 르
망토 드 쎄흐땡 몰뤼스끄.
진주는 조개와 특정 연체동물의 외투막에서 만
들어진다.

□ **émeraude** [emʀoːd]
에므호드 f 에메랄드

□ **jade** [ʒad] 쟈드 m 옥

Ce vieux taille du jade pour en
faire des perles.
쓰 비외 따이으 뒤 쟈드 뿌흐 앙 페흐 데 뻬흘르.
그 늙은이는 옥을 갈아 구슬을 만든다.

□ **cristal** [kʀistal]
크히스딸 m 수정

□ **diamant** [djamɑ̃] 디아망 m 다이아몬드

1 인간

2 가정

3 수

4 도시

5 교통

6 업무

7 쇼핑

8 스포츠·취미

9 자연

관련 단어

□ **or** [ɔːʀ] 오흐 m 금

□ **argent** [aʀʒɑ̃] 아흐쟝 m 은

□ **or blanc** [ɔːʀ blɑ̃] 오흐 블랑 m 백금

□ **ambre** [ɑ̃ːbʀ] 앙브흐 m 호박

□ **corail** [kɔʀaj] 꼬하이으 m 산호

□ **topaze** [tɔpɑːz] 또빠즈 f 토파즈, 황옥

□ **pierre de naissance** [pjɛːʀ də nɛsɑ̃ːs] 삐에흐 드 네쌍스 m 탄생석

□ **dorure** [dɔʀyːʀ] 도휘흐 f 금도금

□ **en or** [ɑ̃ ɔːʀ] 아 노흐 금으로 만든

□ **véritable** [veʀitabl] 베히따블르 진짜의

□ **faux** [fo] 포 가짜의

□ **imitation** [imitɑsjɔ̃] 이미따씨옹 f 모조품

Dialogue

A: C'est bien une bague ornée d'un diamant véritable?

쎄 비엥 윈느 바그 오흐네 댕 디아망 베히따블르?

이거 진짜 다이아몬드 반지 맞니?

B: Bien sûr, elle est vraiment joli, n'est-ce pas?

비엥 쒸흐, 엘 에 브헤망 졸리, 네스빠?

그럼, 정말 예쁘지?

pain et pâtisserie 뺑 에 빠띠쓰히 **빵과 제과**

☐ **chocolat** [ʃɔkɔla[ɑ]] 쇼꼴라
ⓜ 초콜릿

On dit que le chocolat noir
prévient les maladies du cœur.
옹 디 끄 르 쇼꼴라 누아흐 프헤비엥 레 말라디
뒤 꾀흐.
다크 초콜릿이 심장병을 예방한다고 한다.

☐ **bonbon** [bɔ̃bɔ̃] 봉봉 ⓜ 사탕

Il y avait un film 《Bonbon à
la menthe》.
일 리 아베 엥 필므 〈봉봉 알라 망뜨〉
〈박하사탕〉 이라는 영화가 있었지.

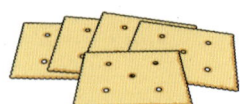

☐ **biscuit** [biskɥi] 비스뀌 ⓜ 비스킷
J'aime les biscuits legers.
쥄므 레 비스뀌 레제.
나는 담백한 비스킷이 좋다.

☐ **chips** [ʃip(s), tʃip] 칩스
ⓜpl 포테이토칩

☐ **muffin** [my[œ]fin] 뮈핀
ⓜ 머핀

☐ **caramel** [kaʀamɛl]
카하멜 ⓜ 캐러멜

198

□ **castella** 꺄스뗄라
ⓜ 카스텔라

□ **gâteau d'anniversaire**
[gato daniverseːʀ] 갸또 다니베르세흐
ⓜ 생일 케이크

1 인간

2 가정

3 수

4 도시

5 교통

6 업무

7 쇼핑

8 스포츠·취미

9 자연

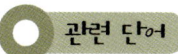
관련 단어

□ **chewing-gum** [ʃwiŋgɔm] 슈잉-검 ⓜ 껌
□ **bonbon à la menthe** [bɔ̃bɔ̃ ala mãːt] 봉봉 알 라 망트 ⓜ 박하사탕
□ **pâtisserie** [pɑ[a]tisʀi] 빠띠쓰히 ⓕ 페이스트리
□ **tarte** [taʀt] 따흐뜨 ⓕ 파이
□ **croûte** [kʀut] 크후뜨 ⓕ 빵 껍질
□ **morceau** [mɔʀso] 모흐쏘 ⓜ 조각
□ **quignon** [kiɲɔ̃] 끼뇽 ⓜ (커다란 빵) 덩어리 (단위)
□ **bougie** [buʒi] 부지 ⓕ 초
□ **décoration** [dekɔʀasjɔ̃] 데꼬하씨옹 ⓕ 장식

Dialogue

A: Papa, tu peux acheter du pain en rentrant du bureau?
빠빠, 뛰 쁴 자슈떼 뒤 빵 깡 앙 항트항 뒤 뷔호?
아빠, 퇴근하실 때 빵 좀 사다 주세요.

B: D'accord, Quel pain?
다꼬흐. 껠 빵?
그래, 무슨 빵?

A: Soudain, je veux manger le biscuit de Savoie.
수댕, 쥬 부 망제 르 비스뀌 드 싸부아.
갑자기 사부아 비스킷이 먹고 싶어요.

199

1 다음 그림과 단어를 연결해 보세요.

· · · · ·

· · · · ·

caissier   monnaie   billet   vendeur   client

2 다음 보기에서 단어를 골라 빈칸에 써넣어 보세요.

a) produit de beauté   bijou   papeterie   vaissellerie
   électroménager
b) pain   boisson   farine   sel   fruit

a) 문방구 _____   주방용품 _____   전자제품 _____

보석 _____   화장품 _____

b) 밀가루 _____   소금 _____   음료수 _____

빵 _____   과일 _____

3 다음 단어를 프랑스어 혹은 우리말로 고쳐 보세요.

a) 스웨터 _____   바지 _____   반바지 _____

조끼 _____   단추 _____

b) 치마 _____   스카프 _____   블라우스 _____

목걸이 _____   귀걸이 _____

c) basket _____   ceinture _____   gant _____

   cravate _____   chaussette _____

d) parfum _____   se maquiller _____

   fond de teint _____   rouge à lèvre _____

   khôl _____

4 다음 빈칸에 알맞은 프랑스어를 써넣어 보세요.

a) 리모컨은 어디 있니?

   Où est la _____?

b) 가습기를 켜지 그래요?

   Allumez le _____?

c) 나는 전기밥솥을 사고 싶다.

   Je veux acheter le _____.

d) 대부분의 여자들은 보석을 좋아한다.

   La plupart des femmes aiment les _____.

e) 이게 진짜 다이아몬드 반지인가요?

   C'est une bague ornée d'un _____ véritable?

f) 나는 그녀의 수정 같은 눈을 사랑한다.

   J'aime beaucoup ses yeux comme des _____.

g) 아내는 내 생일케이크를 만들었다.

   Ma femme a fait mon _____.

h) 어린이는 캐러멜을 좋아한다.

Des enfants aiment le _____.

Theme 8

→ sports · passe-temps
스뽀흐 · 빠스–땅 스포츠 · 취미

1 인간
2 가정
3 수
4 도시
5 교통
6 업무
7 쇼핑
8 스포츠·취미
9 지역

sports 스뽀흐 **스포츠**

개인 스포츠

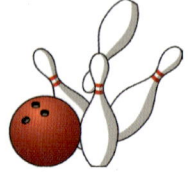

□ **bowling** [bɔliŋ]
볼링그 m 볼링

□ **tennis** [tenis]
떼니스 m 테니스

□ **surf** [sœrf] 쒸흐프 m 서핑
Le surf est déjà un sport
populaire.
르 쒸흐프 에 데자 엥 스뽀흐 뽀쀨레흐.
서핑은 이미 대중적인 스포츠이다.

□ **golf** [gɔlf] 골프 m 골프

□ **boxe** [bɔks] 복스 f 권투

□ **billard** [bijaːʀ] 비야흐 m 당구

□ **rollers** [Rulɛt] 홀레흐 m 롤러 스케이트
Il adore faire du rollers.
일 아도흐 페흐 뒤 홀레흐.
그는 롤러스케이팅을 즐긴다.

□ **pêche** [pɛʃ] 뻬슈 f 낚시

🔵 **관련 단어**

□ **patinage** [patinɑːʒ] 빠띠나쥬 m 스케이팅
□ **cyclisme** [siklism] 씨클리슴므 m 사이클링
□ **équitation** [ekitɑsjɔ̃] 에끼따씨옹 f 승마
□ **jogging** [dʒɔɡiŋ] 조깅그 m 조깅
□ **skate-board** [ske(ɛ)tbɔrd] 스께뜨보흐드 m 스케이트보드
□ **ski** [ski] 스끼 m 스키
□ **snowboard** [snɔbɔːʀd] 스노보흐드 m 스노보딩
□ **natation** [natɑsjɔ̃] 나따씨옹 f 수영
□ **trekking** [tʀɛ(e)kiŋ] 트헤끼그 m 등산
□ **salle du sport** [ʀəmiːz ᾶ fɔʀm] 쌀 뒤 스뽀흐 f 헬스장
□ **parachutisme** [paʀaʃytism] 빠하쉬띠슴므 m 스카이다이빙
□ **plongée sous-marine** [plɔ̃ːʒe sumaʀin] 쁠롱제 수 마힌
  f 스쿠버다이빙

1 인간
2 가정
3 수
4 도시
5 교통
6 업무
7 쇼핑
8 스포츠·취미
9 자연

단체 스포츠

□ **base(-)ball** [bɛzboːl]
베즈볼 🅜 야구

Le baseball est le sport le
plus américain.
르 베즈볼 에 르 스뽀흐 르 쁠뤼 아메히깽.
야구는 가장 미국적인 스포츠이다.

□ **football** [futboːl] 풋볼 🅜 축구
Il s'enthousiasme pour le football.
일 상뚜지아슴므 뿌흐 르 풋볼.
그는 열렬한 축구 팬이다.

□ **basket(-ball)** [baskɛt(boːl)]
바스께뜨(볼) 🅜 농구

□ **volley-ball** [vɔlɛboːl]
볼레볼 🅜 배구

□ **rafting** [ʀaftiŋ]
하프띵그 🅜 래프팅

1 인간

2 가정

3 수

4 도시

5 교통

6 업무

7 쇼핑

8 스포츠·취미

9 자연

관련 단어

□ **hockey** [ɔkɛ] 오께 m 하키

□ **ping-pong** [piŋpɔ:ŋ] 삥뽕그 m 탁구

□ **équipement sportif** [ekipmɑ̃ spɔʀtif] 에낍망 스뽀흐띠프 m 운동 기구

□ **ballon de football** [balɔ̃ də futbo:l] 발롱 드 풋볼 m 축구공

□ **raquette** [ʀakɛt] 하께뜨 f 라켓

□ **batte de base-ball** [bat də bɛzbo:l] 바뜨 드 베즈볼 f 야구 배트

□ **casque** [kask] 꺄스끄 m 헬멧

□ **masque** [mask] 마스끄 m 마스크

□ **gant** [gɑ̃] 강 m 글러브

□ **épaulette** [epolɛt] 에뽈레뜨 f 어깨 보호대

□ **patin** [patɛ̃] 빠땡 m 스케이트

□ **chaussures de montagne** [ʃosy:ʀ də mɔ̃taɲ] 쇼쉬흐 드 몽따뉴 fpl 등산화

□ **canne à pêche** [kan a pɛʃ] 꺄느 아 뻬슈 f 낚싯대

□ **appât** [apɑ] 아빠 m 미끼, 낚싯밥

□ **chronomètre** [kʀɔnɔmɛtʀ] 크호노메트흐 m 스톱워치

□ **combinaison de plongée** [skafɑ̃:dʀ] 꽁비네종 드 쁠롱제 m 잠수복

□ **bouteille d'oxygène** [butɛj dɔksiʒɛn] 부떼이으 독시젠느 m 산소통

piscine 삐신느 수영장

☐ **natation** [natɑsjɔ̃] 나따씨옹 f 수영

☐ **nager** [naʒe] 나제 **수영하다**

C'est dangereux de nager dans le courant.
쎄 당쥬회 드 나제 당 흐 꾸항.
흐르는 물에서 수영하는 것은 위험하다.

☐ **stretching** [stʀetʃiŋ]
스트헤칭그 m **스트레칭**

☐ **plonger** [plɔ̃ʒe] 쁠롱제 **다이빙하다**

☐ **plongeoir** [plɔ̃ʒwaːʀ] 쁠롱쥬와흐
m **다이빙대**

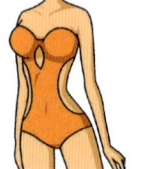

☐ **bouée** [bwe] 부에 f **튜브**

☐ **maillot de bain** [majo də bɛ̃]
마이요 드 뱅 m **수영복**

Zut, j'ai oublié mon maillot
de bain.
쥐뜨 줴 우블리에 몽 마이오 드 뱅.
이런, 수영복을 안 가져왔네!

☐ **lunettes de plongée**
[lynɛt də plɔ̃ʒe] 뤼네뜨 드 쁠롱제
f.pl **물안경**

1 인간

2 가정

3 수

4 도시

5 교통

6 업무

7 쇼핑

8 스포츠·취미

9 자연

관련 단어

- □ **nage libre** [naːʒ libʀ] 나쥬 리브흐 **f** 자유형
- □ **brasse** [bʀas] 브하쓰 **f** 평영
- □ **papillon** [papijɔ̃] 빠삐용 **m** 접영
- □ **dos** [do] 도 **m** 배영
- □ **baigneur(se)** [bɛɲœːʀ, -øːz] 베눼흐(즈) **n** 안전 요원
- □ **gilet de sauvetage** [ʒilɛ də sovtaːʒ] 질레 드 쏘브따쥬 **m** 구명조끼
- □ **crampe** [kʀɑ̃ːp] 크항프 **f** 경련
- □ **toboggan** [tɔbɔgɑ̃] 또보강 **m** 미끄럼틀
- □ **couloir** [kulwaːʀ] 꿀루와흐 **m** (수영장의) 레인
- □ **bonnet de bain** [bɔnɛ də bɛ̃] 보네 드 뱅 **m** 수영 모자

Dialogue

A: Aujourd'hui, on va apprendre le papillon.
오쥬흐디, 옹 바 아프항드흐 르 빠삐용.
오늘 배울 수영 종목은 접영입니다.

B: Ce n'est pas difficile? Je ne sais même pas
encore bien faire la nage libre.
쓰 네 빠 디피씰? 쥬 느 세 멤므 빠 장꼬흐 비앙 페흐 라 나쥬 리브흐.
어렵지 않나요? 아직 자유형도 제대로 못하는데요.

209

club de gym 끌럽드 짐 **헬스클럽**

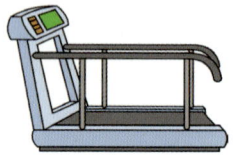

□ **tapis de marche** [tapi də maʁʃ]
따삐 드 마흐슈 m 러닝머신

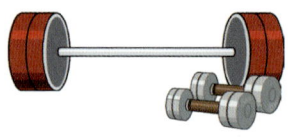

□ **haltère** [altɛːʁ] 알떼흐
m 역기, 아령

Je fais des haltères tous
les matins.
쥬 페 데 잘떼흐 뚤 레 마땡.
나는 아침마다 역기로 운동을 한다.

□ **cyclone** [siklo:n] 씨클론느
m 사이클론

□ **entraîneur** [ɑ̃tʁɛnœːʁ]
앙트헤뇌흐 n 코치, 트레이너

L'entraîneur de notre équipe
est très sévère.
랑트헤뇌흐 드 노트흐 에낍 에 트헤 쎄베흐.
우리 팀의 코치는 아주 엄격하다.

□ **traction** [tʁaksjɔ̃] 트학씨옹
f 턱걸이

Mon frère ne peut même pas
faire une seule traction.
몽 프헤흐 느 뾔 멤 빠 페흐 윈느 쐴르 트학씨옹.
내 동생은 턱걸이를 한 번도 못한다.

☐ **pompe** [pɔ̃:p] 뽕쁘
f 팔굽혀펴기

☐ **abdominaux** [abdɔmino]
아브도미노 **m** 윗몸일으키기

관련 단어

- ☐ **soulèvement des haltères** [sulɛvmɑ̃ de zaltɛ:ʀ]
  슐레브망 데 잘떼흐 **m** 역기 들어올리기

- ☐ **maillot** [majo] 마이요 **m** 스포츠 셔츠

- ☐ **aérobic** [aeʀɔbik] 아에호빅 **f** 에어로빅

- ☐ **saut à la corde** [so ala kɔʀd] 쏘 딸 라 꼬흐드 **m** 줄넘기

- ☐ **exercer** [ɛgzɛʀse] 에그제흐쎄 (몸을) 단련하다

- ☐ **s'échauffer** [seʃofe] 쎄쇼페 준비 운동을 하다

Dialogue

A: Si on allait ensemble au club de gym?
씨 오 날레 앙썽블 오 끌럽 드 짐?
우리 같이 헬스클럽에 다니는 건 어떨까?

B: Vas-y tout seul.
바–지 뚜 쐴.
귀찮아! 너나 다녀.

A: Tu vas vraiment devenir gros si tu continues comme ça.
뛰 바 브헤멍 드브니흐 그호 씨 뛰 꽁띠뉘 꼼싸.
너 그러다가 정말 살 찐다.

1 인간
2 가정
3 수
4 도시
5 교통
6 업무
7 쇼핑
8 스포츠·취미
9 자연

passe - temps 빠스땅 **취미**

□ **lecture** [lɛktyːʀ] 렉뛰흐
f 독서

Comme les enfants
aiment bien la lecture!
꼼므 레장팡 엠므 비엥 라 렉뛰흐!
어린아이들이 독서를 참 좋아하는구나!

□ **observations astronomiques**
[ɔpsɛʀvɑsjɔ̃ zastʀɔnɔmik]
옵쎄흐바씨옹 자스트호노미끄 **fpl** 천체 관측

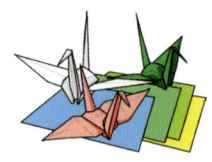

□ **origami** [ɔʀigami]
오리가미 **m** 종이접기

□ **modelage** [mɔdlaːʒ]
모들라쥬 **m** 모형 제작

□ **broderie** [bʀɔdʀi]
브호드히 **f** 자수

□ **art de la poterie** [aːʀ də la pɔtʀi]
아흐 들 라 뽀트히 **m** 도예

C'est la tasse que j'ai faite en
apprenant la poterie.
쎌 라 따스 끄 줴 페뜨 앙 아프흐낭 라 뽀트히.
이 컵은 내가 도예를 배워서 만든 거야.

□ **tricotage** [tʀikɔtaːʒ]
트히꼬따쥬 **m** 뜨개질

1 인간

2 가정

3 수

4 도시

5 교통

6 업무

7 쇼핑

8 스포츠 · 취미

9 자연

관련 단어

- □ **couture** [kutyːʁ] 꾸뛰흐 f 바느질
- □ **photographie** [fɔtɔgʁafi] 포또그하피 f 사진 촬영
- □ **artisanat d'art** [aʁtizana daːʁ] 아흐티자나 다흐 m 공예
- □ **cuisine** [kɥizin] 뀌진 f 요리
- □ **philatélie** [filateli] 필라뗄리 f 우표 수집
- □ **puzzle** [pœzl] 뾔즐 m 퍼즐
- □ **calligraphie** [ka(l)ligʁafi] 깔리그하피 f 서예
- □ **go** [go] 고 m 바둑
- □ **janggi** [jãgi] 장기 m 장기
- □ **échec** [eʃɛk] 에쉐끄 m 체스

Dialogue

A: Quel est votre passe-temps?
껠 레 보트흐 빠쓰–땅?
취미가 뭐예요?

B: J'aime faire de la photo.
쥌므 페흐 들 라 포또.
사진 찍는 걸 좋아해요.

A: Quel bon goût vous avez!
껠 봉 구 부 자베!
좋은 취미를 가지셨네요!

B: C'est aussi ce que je pense.
세 또씨 스 끄 즈 빵스.
저도 그렇게 생각한답니다.

jeu de cartes 쥬 드 꺄흐뜨 **카드 게임**

□ **roi** [ʀwa] 후아 m 킹(K)

□ **as** [ɑ:s] 아스 m 에이스(A)

Il me semble qu'il a un as.
일 므 쌍블 낄 라 에 나스.
그는 에이스를 가지고 있는 것 같다.

□ **reine** [ʀɛn]
헨느 f 퀸(Q)

□ **joker** [ʒɔkɛʀ] 조케흐 m 조커(JOKER)

En tout cas, je dois jouer mon joker.
앙 뚜 꺄, 쥬 두아 쥬에 몽 조케흐.
아무래도 조커를 내야겠네.

□ **valet de pique**
[valɛ də pik] 발레 드 삐끄

m 잭(J)

□ **carreau** [ka[ɑ]ʀo]
꺄호 m 다이아몬드(◆)

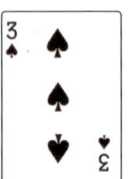

□ **pique** [pik] 삐끄
m 스페이드(♠)

214

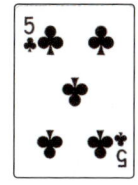

□ **cœur** [kœːʀ] 꾀흐 m 하트(♥)　　□ **trèfle** [tʀɛfl] 트헤플르 m 클로버(♣)

1 인간

2 가정

3 수

4 도시

5 교통

6 업무

7 쇼핑

8 스포츠·취미

9 자연

 관련 단어

□ **cartes** [kaʀt] 꺄흐뜨 fpl 트럼프
□ **un jeu de cartes** [œ̃ ʒø də kaʀt] 엥 쥬 드 꺄흐뜨 m 카드 한 벌
□ **faire la donne** [fɛːʀ la dɔn] 페흐 라 돈느 (카드를) 섞다
□ **donner les cartes** [dɔne le kaʀt] 도네 레 꺄흐뜨 카드를 배분하다
□ **tour** [tuːʀ] 뚜흐 m 차례
□ **gagner** [gɑɲe] 갸녜 이기다
□ **perdre** [pɛʀdʀ] 뻬흐드흐 지다
□ **parier** [paʀje] 빠히에 내기하다

Dialogue

A: **Faisons une partie de cartes.**
　프종 윈느 빠흐띠 드 꺄흐뜨.
　우리 카드 게임하자.
B: **Je ne joue pas bien.**
　쥬 느 주 빠 비엥.
　난 잘 못하는데.
A: **Vraiment? C'est facile. Je vais t'expliquer.**
　브해망? 쎄 파씰. 쥬 베 떽스쁠리께.
　그걸 못한다구? 쉬워. 내가 가르쳐 줄게.

voyage 부아야쥬 **여행**

□ **tourisme** [tuʀism]
뚜히슴므 ⓜ 관광

□ **touriste** [tuʀist] 뚜히스뜨 ⓝ 관광객
La ville pullule de touristes.
라 빌 쀨릴르 드 투히스뜨
그 도시는 관광객들이 득실거린다.

□ **tourisme de soirée**
[tuʀism də swaʀe] 뚜히슴므 드 수아헤
ⓜ 야간 관광

□ **belvédère** [belvedɛːʀ]
벨베데흐 ⓜ 전망대

□ **souvenir** [suvniːʀ] 수브니흐 ⓜ 기념품
J'ai acheté ce souvenir pour toi.
쉐 아슈떼 쓰 수브니흐 뿌흐 뚜아.
이 기념품은 너 주려고 사온 거야.

□ **œuvre d'art** [œːvʀ daːʀ]
외브흐 다흐 ⓕ 예술품

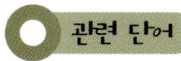

관련 단어

- **agence de voyages** [aʒɑ̃ːs də vwajaʒ] 아장스 드 부아야쥬
  f 여행사

- **réservation** [ʀɛzɛʀvɑsjɔ̃] 헤제흐바씨옹 **f** 예약

- **guide** [gid] 기드 **m** 가이드, 관광 안내원

- **vestige** [vɛstiːʒ] 베스띠쥬 **m** 유적지, 옛터

- **voyage dans la journée** [vwajaʒ dɑ̃ la ʒuʀne]
  부아야쥬 당 라 쥬흐네 **m** 당일 여행

- **voyage organisé** [vwajaʒ ɔʀganize] 부아야쥬 오흐가니제
  m 단체 여행

- **voyage avec un sac à dos** [vwajaʒ avɛk œ̃ sak a do]
  부아야쥬 아베끄 엥 싹 까 도 **m** 배낭 여행

- **voyage à l'étranger** [vwajaʒ a letʀɑ̃ʒe] 부아야쥬 아 레트항제
  m 해외 여행

- **itinéraire touristique** [itineʀɛːʀ tuʀistik] 이띠네헤흐 뚜히스띠끄
  m 관광 코스

Dialogue

A: Je prends un congé à partir de samedi. Si on vayageait ensemble?
쥬 프항 엥 꽁제 아 빠흐띠흐 드 쌈디, 씨 옹 부아야제 앙쌍블?
나 토요일부터 휴가야. 같이 여행 가지 않을래?

B: Désolé, j'ai déjà réservé pour mon voyage en famille à l'agence de voyage.
데졸레, 줴 데자 헤제흐베 뿌흐 몽 부아야쥬 앙
파미으 아 라장스 드 부아야쥬.
미안, 벌써 가족이랑 가려고 여행사에 예약했는데….

217

bain de soleil 뱅 드 쏠레이으 **일광욕**

❶ lunettes de soleil
[lyɲɛt də sɔlɛj] 뤼네뜨 드 쏠레이으

fpl 선글라스

❷ parasol de plage
[parasɔl də plaːʒ] 빠하솔 드 쁠라쥬

m 비치파라솔

❸ bikini [bikini] 비끼니
m 비키니

□ crème solaire [krɛm sɔlɛːr]
크헴므 쏠레흐 f **자외선 차단 크림**

□ coquillage [kɔkijaːʒ] 꼬끼야쥬
m 조개

□ coquille [kɔkij] 꼬끼으
f 조개껍질

□ **vague** [vag] 바그 f **파도**

Comme le bruit des vagues
est rafraîchissant!
꼼므 르 브휘 데 바그 옹 하프헤쉬쌍!
파도 소리가 정말 시원하다!

Aïe! Je marche sur un coquillage.
아이으! 쥬 마흐슈 쉬흐 엥 꼬끼야쥬.
야야! 조개껍질을 밟았어.

218

1 인간

2 가정

3 수

4 도시

5 교통

6 업무

7 쇼핑

8 스포츠·취미

9 자연

관련 단어

☐ **mer** [mɛːʀ] 메흐 **f** 바다

☐ **plage** [plaːʒ] 쁠라쥬 **f** 해변

☐ **soleil** [sɔlɛj] 쏠레이으 **m** 태양

☐ **sable** [sɑːbl] 싸블 **m** 모래

☐ **mouette** [mwɛt] 무에뜨 **f** 갈매기

☐ **lever du soleil** [ləve dy sɔlɛj] 르베 뒤 쏠레이으 **m** 일출

☐ **coucher de soleil** [kuʃe də sɔlɛj] 꾸셰 드 쏠레이으 **m** 일몰

☐ **ballon de plage** [balɔ̃ də plaːʒ] 발롱 드 쁠라쥬 **m** 비치볼

☐ **chapeau de soleil** [ʃapo də sɔlɛj] 샤뽀 드 쏠레이으 **m** 차양 모자

☐ **huile de bronzage** [ɥil də bʀɔ̃zaːʒ] 윌 드 브홍자쥬 **f** 선탠오일

Dialogue

A: Ma peau est trop bronzée. Le soleil me brûle.
마 뽀 에 트호 브홍제. 르 쏠레이으 므 브륀르.
나 피부가 너무 많이 탔나 봐. 햇빛이 따가워.

B: Alors, on va rentrer à l'intérieur?
알로흐, 옹 바 항트헤 아 렝떼히외흐?
그만 안으로 들어갈까?

A: D'accord, je dois faire un masque au concombre.
다꼬흐, 쥬 두아 페흐 엥 마스끄 오 꽁꽁브흐.
그래. 난 오이팩 좀 해야겠어.

télévision 뗄레비지옹 **텔레비전**

□ **chaîne de télévision**
[ʃɛn də televizjɔ̃] 쉔느 드 뗄레비지옹
f **텔레비전 채널**

□ **animateur(trice)**
[animatœːʀ, -tʀis] 아니마뙤흐(트히스)
n **사회자**

□ **comique** [kɔmik]
꼬미끄 m **개그맨**

□ **retransmission en direct**
[ʀətʀɑ̃smisjɔ̃ ɑ̃ diʀɛkt]
흐트항스미씨옹 앙 디헥뜨 f **생중계**

□ **commentateur(trice)**
[kɔmɑ̃tatœːʀ, -tʀis] 꼬망따뙤흐(트히쓰)
n **해설자**

Ce commentateur est vraiment
ennuyeux.
쓰 꼬망따뙤흐 에 브해망 앙뉘외.
저 해설자 정말 재미없게 하네.

□ **publicité** [pyblisite]
쀠블리씨떼 f **광고**

C'est agaçant. Pourquoi y a-t-il
autant de publicités?
쎄 타가쌍. 뿌흐구아 이 아 띨 오땅 드 쀠블리씨떼?
짜증 나. 광고는 왜 이렇게 많아?

1 인간

2 가정

3 수

4 도시

5 교통

6 업무

7 쇼핑

8 스포츠·취미

9 자연

관련 단어

□ **média** [medja] 메디아 m 매스컴

□ **téléspectateur(trice)** [tele[ɛ]spɛktatœːʀ, -tʀis]
뗄레스뻭따뙤흐(트히스) n 시청자

□ **programme** [pʀɔɡʀam] 프호그함므 m 프로그램

□ **producteur(trice)** [pʀɔdyktœːʀ, -tʀis] 프호뒼뙤흐(트히스)
n 프로듀서, PD

□ **télévision haute définition** [televizjɔ̃ ot definisjɔ̃]
뗄레비지옹 오뜨 데피니씨옹 f 고화질 TV

□ **prime time** [pʀajmtajm] 프하임따임므 m 황금시간대

□ **artiste** [aʀtist] 아흐띠스뜨 n 연예인

□ **groupe vocal** [ɡʀup vɔkal] 그훕 보꺌 m 그룹사운드

□ **doubleur(se) de voix** [dublœːʀ, -øːz də vwa[ɑ]]
두블뢰흐(즈) 드 부아 n 성우

□ **chanteur(se)** [ʃɑ̃tœːʀ, -øːz] 샹뙤흐(즈) n 가수

□ **feuilleton** [fœjtɔ̃] 풰이으똥 m 드라마, 연속극

□ **scoop** [skup] 스꾸쁘 m 특종

□ **émission enregistrée** [emisjɔ̃ ɑ̃ʀʒistʀe] 에미씨옹 앙흐지스트헤
f 녹화 방송

□ **rediffuser** [ʀədifyze] 흐디퓌제 재방송하다

cinéma 씨네마 **영화관**

1 **écran** [ekrɑ̃] 에크항
ⓜ 영화 스크린

2 **fauteuil** [fotœj] 포뙤이으
ⓜ 좌석

3 **spectateur(trice)**
[spɛktatœːʀ, -tʀis] 스빽따뙤흐(트히스)
ⓝ 관객

4 **pop-corn** [pɔpkɔʀn] 뽑 꼬흔느
ⓜ 팝콘

☐ **guichet** [giʃɛ] 기쉐 ⓜ 매표소
Pourquoi des gens font la queue
devant le guichet?
뿌흐꾸아 데 장 퐁 라 께 드방 르 기쉐?
매표소 앞에 웬 줄이 저렇게 길지?

☐ **échoppe** [eʃɔp]
에쇼쁘 ⓕ 매점

☐ **héros** [eʀo] 에호 ⓜ 남자 주인공

☐ **héroïne** [eʀɔin]
에호인느 ⓕ 여자 주인공

222

□ **réalisateur(trice)**
[ʀealizatœːʀ, -tʀis]
헤알리자뙤흐(트히스) **n** 감독

□ **tragédie** [tʀaʒedi] 트하제디 **f** 비극
Ce film est vraiment une tragique.
쓰 필므 에 브해망 윈느 트하지끄.
이 영화 그야말로 비극이다.

관련 단어

- □ **film** [film] 필므 **m** 영화
- □ **rôle** [ʀoːl] 홀 **m** 배역, 역할
- □ **film d'horreur** [film dɔʀœːʀ] 필므 도회흐 **m** 공포 영화, 스릴러 영화
- □ **dessins animés** [desɛ̃ anime] 데쌩 자니메 **mpl** 만화 영화
- □ **film comique** [film kɔmik] 필므 꼬미끄 **m** 코믹 영화
- □ **film d'action** [film daksjɔ̃] 필므 닥씨옹 **m** 액션 영화
- □ **film de science-fiction** [film də sjɑ̃sfiksjɔ̃] 필므 드 씨앙쓰-픽씨옹 **m** 공상과학 영화

Dialogue

A: Allons au cinéma.
알롱 오 씨네마.
우리 영화 보러 가자.

B: Il n'y a pas un bon film d'horreur?
일 니 아 빠 엥 봉 필므 도회흐?
뭐 오싹한 공포 영화 하니?

A: Non, je veux voir le film comique.
농, 쥬 뵈 부아흐 르 필므 꼬미끄.
아니, 난 코믹 영화 보려고 하는데….

223

concert 꽁세흐 연주회

□ **chef d'orchestre**
[ʃef dɔʀkɛstʀ] 쉐프 도흐께스트흐
m 지휘자

□ **baguette** [bagɛt]
바게뜨 f 지휘봉

□ **podium** [pɔdjɔm]
뽀디옴 m 지휘대

□ **orchestre** [ɔʀkɛstʀ]
오흐께스트흐 m 관현악단

 □ **partition** [paʀtisjɔ̃]
빠흐띠씨옹 f 악보

□ **piano** [pjano]
삐아노 m 피아노

□ **violoncelle** [vjɔlɔ̃sɛl]
비올롱쎌르 m 첼로

□ **violon** [vjɔlɔ̃]
비올롱 m 바이올린

□ **trombone** [tʀɔ̃bɔn]
트홍본 m 트롬본

□ **trompette** [tʀɔ̃pɛt]
트홍뻬뜨 f 트럼펫

□ **guitare** [gita:ʀ] 기따흐 f 기타
□ **guitariste** [gitaʀist] 기타히스뜨 n 기타리스트
  Ce guitariste joue en délié.
  쓰 기타히스뜨 쥬 앙 델리에.
  저 기타리스트 손놀림이 섬세하다.

□ **tambour** [tɑ̃bu:ʀ] 땅부흐 m 드럼
□ **drummer** [dʀœmœ:ʀ] 드회뫼흐 m 드러머

🟢 **관련 단어**

□ **musicien(ne)** [myzisjɛ̃, -ɛn] 뮈지씨엥(엔느) n 음악가, 뮤지션
□ **opéra** [ɔpeʀa] 오페하 m 오페라
□ **symphonie** [sɛ̃fɔni] 쌩포니 f 교향곡, 심포니
□ **quatuor à cordes** [kwatɥɔ:ʀ a kɔʀd] 꾸아뛰오흐 아 꼬흐드
  m 현악사중주
□ **ensemble** [ɑ̃sɑ̃:bl] 앙쌍블르 m 앙상블
□ **viole** [vjɔl] 비올르 f 비올라

Dialogue

A: Bravo! Ce concert est magnifique.
  브하보! 쓰 꽁쎄흐 에 마니피크.
  야, 멋진 공연이야.

B: Je pense comme ça. Le violoniste a très bien joué.
  쥬 빵쓰 꼼싸. 르 비올로니스뜨 아 트헤 비엥 쥬에.
  그렇지. 바이올린 연주자 정말 대단하더라.

A: Le pianiste aussi!
  르 삐아니스뜨 오씨!
  피아노 연주자도 훌륭했잖아!

225

1 인간
2 가정
3 수
4 도시
5 교통
6 업무
7 쇼핑
8 스포츠·취미
9 자연

parc d'attraction

빠흐끄 다트학씨옹 **놀이공원**

□ zoo [zoo] 조 m 동물원

□ ballon (de baudruche)
[balɔ̃ də bodʀyʃ] 발롱 (드 보드휘슈) m 풍선

□ grande roue [gʀɑ̃d ʀu]
그항드 후 f 회전 관람차

Si on essayait aussi la grande roue?
씨 옹 에쎄이예 오씨 라 그항드 후?
우리 회전 관람차도 타 볼까?

□ clown [klun] 끌룬 m 어릿광대

Regarde la dance de ce clown.
흐갸흐드 라 당스 드 쓰 끌룬.
저 어릿광대 춤추는 거 봐.

□ montagnes russes
[mɔ̃taɲ ʀys] 몽따뉴 휘쓰
fpl 롤러코스터

□ manège [manɛʒ] 마네쥬
m 회전목마

J'aime faire du manège.
쥌므 페흐 뒤 마네쥬.
나는 회전목마 타는 것을 좋아한다.

□ **échoppe** [eʃɔp] 에쇼쁘
f 매점

□ **barbe à papa** [baʀb a papa]
바흐브 아 빠빠 **f** 솜사탕

Maman, je veux manger une
barbe à papa.
마망, 쥬 뵈 망졔 윈느 바흐브 아 빠빠.
엄마, 나 솜사탕 먹고 싶어.

 관련 단어

□ **bureau de renseignements** [byʀo də ʀɑ̃sɛɲmɑ̃]
뷔호 드 항쎄뉴망 **m** 안내소

□ **véhicule** [veikyl] 베이뀔르 **m** 탈것(통틀어서 말함)

□ **téléphérique** [teleferik] 뗄레페히끄 **m** 케이블카

□ **auto-tamponneuse** [ototɑ̃pɔnøz] 오또-땅뽀뇌즈 **f** 범퍼카

□ **attraction** [atʀaksjɔ̃] 아트학씨옹 **f** 구경거리

□ **spectacle de phoque** [spɛktakl də fɔk] 스뻭따끌 드 포끄
m 물개 쇼

□ **jardin botanique** [ʒaʀdɛ̃ bɔtanik] 쟈흐댕 보따니끄 **m** 식물원

□ **toboggan** [tɔbɔgɑ̃] 또보강 **m** 미끄럼틀

□ **balançoire** [balɑ̃swaːʀ] 발랑쑤아흐 **f** 그네

□ **entrée** [ɑ̃tʀe] 앙트헤 **f** 입구

□ **sortie** [sɔʀti] 쏘흐띠 **f** 출구

1 인간

2 가정

3 추

4 도시

5 교통

6 업무

7 쇼핑

8 스포츠·취미

9 자연

1 다음 단어를 프랑스어 혹은 우리말로 고쳐 보세요.

a) 볼링 _____   수영 _____   낚시 _____

탁구 _____   스카이다이빙 _____

b) 축구 _____   야구 _____   농구 _____

배구 _____   하키 _____

c) batte de base - ball_____   casque _____

raquette _____   masque _____   gant _____

d) 자유형 _____   튜브 _____   물안경 _____

수영복 _____   스트레칭 _____

2 다음 보기에서 단어를 골라 빈칸에 써넣어 보세요.

a) pompe   abdominaux   traction
   haltère   tapis de marche

b) broderie   tricotage   cuisine
   art de la poterie   lecture

c) parier   tour   gagner
   faire la donne   perdre

a) 턱걸이 _____   윗몸일으키기 _____

러닝머신 _____   팔굽혀펴기 _____   역기 _____

b) 뜨개질 _____   요리 _____   자수 _____

독서 _____   도예 _____

c) 내기하다 _____   이기다 _____ 지다 _____

(카드를) 섞다 _____   차례 _____

3 다음 그림과 단어를 연결해 보세요.

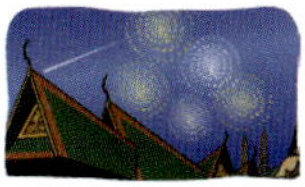

•   •   •   •

•   •   •   •

belvédère   tourisme de soirée   tourisme   touriste

4 다음 빈칸에 알맞은 프랑스어를 써넣어 보세요.

a) 내가 가장 좋아하는 개그맨은 신동엽이다.

Le _____ que j'aime beaucoup est Shin Dong-yeop.

b) TV 광고는 상당히 효과적이다.

Le _____ à la télévision est très efficace.

c) 나는 액션 영화를 좋아한다.

J'aime le _____.

d) 요즘은 영화를 DVD로 본다.

Aujourd'hui, des gens regardent les _____ par DVD.

5 다음 단어를 프랑스어 혹은 우리말로 고쳐 보세요.

a) 바이올린 _____   chef d'orchestre _____

기타 _____   피아노 _____

partition _____

b) 풍선 _____   동물원 _____

솜사탕 _____   clown _____

manège _____

 정답

1 a) bowling   natation   pêche   ping-pong   parachutisme
b) football   baseball   basket(-ball)   volley-ball   hockey
c) 야구배트   헬멧   라켓   마스크   글러브
d) nage libre   bouée   lunettes de plongée   maillot de bain   stretching

2 a) traction   abdominaux   tapis de marche   pompe   haltère
b) tricotage   cuisine   broderie   lecture   art de la poterie
c) parier   gagner   perdre   faire la donne   tour

3 관광객 - touriste   관광 - tourisme   야간 관광 - tourisme de soirée
전망대 - belvédère

4 a) comique   b) publicité   c) films d'action   d) films

5 a) violon   지휘자   guitare   piano   악보
b) ballon de baudruche   zoo   barbe à papa   어릿광대   회전목마

Theme 9

→ nature 나뛔흐 **자연**

1 인간
2 가정
3 수
4 도시
5 교통
6 업무
7 쇼핑
8 스포츠·취미
9 자연

animal 아니말 **동물**

□ **renard** [ʀəna:ʀ]
흐나흐 m 여우

□ **cheval** [ʃ(ə)val]
슈발 m 말

□ **tigre** [tigʀ] 띠그흐 m 호랑이

□ **zèbre** [zɛbʀ] 제브흐
m 얼룩말

□ **ours** [uʀs] 우흐쓰
m 곰

□ **éléphant** [elefɑ̃]
엘레팡 m 코끼리

□ **cerf** [sɛ:ʀ] 쎄흐
m 사슴

□ **chameau** [ʃamo]
샤모 m 낙타

□ **girafe** [ʒiʀaf] 지하프
f 기린

232

□ **loup** [lu] 루 m 늑대

Le loup est monogame.
룰 루 에 모노감므.
늑대는 일부일처 하는 동물이다.

□ **singe** [sɛ̃:ʒ] 쌩쥬 m 원숭이

Je ne m'intéresse pas au
spectacle de singe.
쥬 느 맹떼헤쓰 빠 오 스빽따끌르 드 쌩쥬.
나는 원숭이 공연이 재미있지 않다.

□ **cochon** [kɔʃɔ̃] 꼬숑 m 돼지

□ **chat** [ʃa] 샤
m 고양이

□ **serpent** [sɛʀpɑ̃]
쎄흐빵 m 뱀

□ **chien** [ʃiɛ̃]
시앵 m 개

□ **lapin** [lapɛ̃]
라뺑 m 토끼

□ **chauve-souris** [ʃovsuʀi]
쇼브-수히 f 박쥐

La chauve-souris est un
mammifère.
라 쇼브-수히 에 떵 마미페흐.
박쥐는 포유동물이다.

□ **crocodile**
[kʀɔkɔdil] 크호꼬딜르
m 악어

1 인간
2 가정
3 수
4 도시
5 교통
6 업무
7 쇼핑
8 스포츠·취미
9 자연

관련 단어

- □ rat [ʀa] 하 m 쥐
- □ bœuf [bœf] 뵈프 m 소
- □ vache laitière [vaʃ lɛ[e]tjɛːʀ] 바슈 레띠에흐 f 젖소
- □ hamster [amstɛːʀ] 암스떼흐 m 햄스터
- □ gorille [gɔʀij] 고히으 m 고릴라
- □ panda [pɑ̃da] 빵다 m 판다
- □ hippopotame [ipɔpɔtam] 이뽀뽀땀므 m 하마
- □ lion [ljɔ̃] 리옹 m 사자
- □ griffe [gʀif] 그히프 f (짐승의) 발톱
- □ corne [kɔʀn] 꼬흔느 f 뿔
- □ queue [kø] 꾀 f 꼬리
- □ sabot [sabo] 싸보 m 발굽
- □ crinière [kʀinjɛːʀ] 크히니에흐 f (사자, 말 등의) 갈기

Dialogue

A: **Regarde cet ours!**
호갸흐드 쎄 뚜흐쓰!
저 곰 좀 봐!

B: **Ouah, c'est le plus gros ours que j'aie jamais vu.**
우아, 쎌 르 쁠뤼 그호 우흐쓰 끄 제 쟈메 뷔.
우와, 지금까지 본 중에 가장 큰 곰이야!

234

Unit 02

oiseaux 우아조 조류

□ **corbeau** [kɔʀbo] 꼬흐보 m 까마귀

Le corbeau, c'était un oiseau de bon augure, à l'origine.
르 꼬흐보, 쎄 떼 엉 누아조 드 보 노귀흐, 아 로히진느.
까마귀는 원래 길조였단다.

□ **pigeon** [piʒɔ̃] 삐종 m 비둘기

Ne pas donner à manger aux pigeons.
느 빠 도네 아 망제 오 삐종.
비둘기에게 먹이를 주지 마세요.

□ **cygne** [siɲ] 씨뉴
m 백조

□ **moineau** [mwano]
무와노 m 참새

□ **faucon** [fokɔ̃] 포꽁 m 매

□ **hirondelle** [iʀɔ̃dɛl]
이홍델르 f 제비

□ **aigle** [ɛgl] 에글르 m 독수리

□ **mouette** [mwɛt]
무에뜨 f 갈매기

235

□ **perroquet** [pɛʀɔke]
뻬호께 m 앵무새

□ **poule** [pul] 뿔르 f 암탉

□ **coq** [kɔk] 꼬끄 m 수탉

□ **autruche** [otʀyʃ]
오트휘슈 f 타조

□ **alouette** [alwet]
알루에뜨 f 종달새

□ **grue** [gʀy]
그휘 f 학, 두루미

□ **pingouin** [pɛ̃gwɛ̃] 뺑그앵 m 펭귄

□ **hibou** [ibu] 이부 m 부엉이

236

1 인간

2 가정

3 수

4 도시

5 교통

6 업무

7 쇼핑

8 스포츠 · 취미

9 자연

관련 단어

□ **pie** [pi] 삐 **f** 까치

□ **canard** [kana:ʀ] 꺄나흐 **m** 오리

□ **oie sauvage** [wa sova:ʒ] 우아 쏘바쥬 **f** 기러기

□ **oiseau migrateur** [wazo migʀatœ:ʀ] 우아조 미그하뙤흐 **m** 철새

□ **plume** [plym] 쁠륌므 **f** 깃털

□ **bec** [bɛk] 베크 **m** (새의) 부리

□ **serre** [sɛ:ʀ] 쎄흐 **f** (동물의) 발톱

□ **queue** [kø] 꾀 **f** (조류의) 꼬리털, 꽁지

□ **aile** [ɛl] 엘르 **f** (새·곤충의) 날개

□ **nid** [ni] 니 **m** 둥지

Dialogue

A: Le coq a une longue queue, une poule a la courte queue.
르 꼬끄 아 윈느 롱그 꾀, 윈느 뿔르 알 라 꾸흐뜨 꾀.
수탉은 꽁지가 길고, 암탉은 꽁지가 짧단다.

B: C'est cela. Je ne sais pas jusqu'à maintenant.
쎄 슬라. 쥬 느 쎄 빠 쥐스꺄 멩뜨낭.
아, 그렇군요. 지금까지 몰랐어요.

insecte 앵쎅뜨 **곤충**

□ **abeille** [abɛj]
아베이으 f 벌

□ **araignée** [aʀɛ[e]ɲe]
아헤녜 f 거미

□ **mouche** [muʃ]
무슈 f 파리

□ **fourmi** [fuʀmi] 푸흐미 f 개미
J'ai observé les habitudes des
fourmis.
줴 옵세흐베 레 자비뛰드 데 푸흐미.
나는 개미의 습성을 관찰했다.

□ **papillon nocturne**
[papijɔ̃ nɔktyʀn] 빠삐용 녹뛰흔느
m 나방

□ **libellule** [libe(l)lyl]
리벨륄르 f 잠자리

□ **papillon** [papijɔ̃]
빠삐용 m 나비

□ **scarabée** [skaʀabe]
스꺄하베 m 사슴벌레

□ **sauterelle** [sotʀɛl]
쏘트헬르 f 메뚜기

□ **coccinelle** [kɔksinɛl]
꼭씨넬르 f 무당벌레

□ **luciole** [lysjɔl] 뤼씨올르
　f 개똥벌레

□ **cafard** [kafaːʀ]
까파흐 m 바퀴벌레

Le cafard aime les endroits
humides et sombres.
르 까파흐 앰므 레 장드후아 위미드 에 쏭브흐.
바퀴벌레는 습하고 어두운 곳을 좋아한다.

□ **moustique** [mustik] 무스띠끄 m 모기

Mon bras qui s'est fait piquer par
un moustique me démange.
몽 브하 끼 쎄 페 삐께 빠흐 엉 무스띠끄 므 데망쥬.
모기에 물려서 너무 가렵다.

□ **grillon** [gʀijɔ̃] 그히용
　m 귀뚜라미

관련 단어

□ **scarabée** [skaʀabe] 스꺄하베 m 딱정벌레

□ **ver de terre** [vɛːʀ də tɛːʀ] 베흐 드 떼흐 m 지렁이

□ **œuf** [œf] 외프 m 알

□ **larve** [laʀv] 라흐브 f 애벌레

□ **imago** [imago] 이마고 n 성충

□ **antenne** [ɑ̃tɛn] 앙뗀느 f 더듬이

□ **tête** [tɛt] 떼뜨 f 두부, 머리 부분

□ **poitrine** [pwatʀin] 뿌아트힌느 f 흉부, 가슴 부분

□ **ventre** [vɑ̃ːtʀ] 방트흐 m 복부, 배 부분

□ **aiguillon** [eɡɥijɔ̃] 에귀용 m (곤충 등의) 침, 가시

1 인간
2 가정
3 수
4 도시
5 교통
6 업무
7 쇼핑
8 스포츠·취미
9 지역

poisson·faune marine

뿌아쏭·폰느 마힌느 **어류·해양 생물**

□ **maquereau** [makʀo] 마끄호
ⓜ 고등어

□ **cardeau hirame** [kaʀdo iʀam]
꺄흐도 이함므 ⓜ 광어

□ **carpe** [kaʀp] 꺄흐쁘 ⓕ 잉어

□ **sardine** [saʀdin]
싸흐딘느 ⓕ 정어리

□ **saumon** [somɔ̃] 쏘몽 ⓜ 연어

□ **thon** [tɔ̃] 똥 ⓜ 참치
J'aime le kimchi-jjigae au
thon.
젬므 르 킴치찌개 오 똥.
난 참치를 넣은 김치찌개가 좋아.

□ **requin** [ʀəkɛ̃] 흐깽 ⓜ 상어

□ **truite** [tʀɥit] 트휘뜨 ⓕ 송어

□ **poisson rouge**

[pwasɔ̃ ʀuːʒ] 뿌아쏭 후쥬

ⓜ 금붕어

Les poissons rouges sont
des poissons d'ornement.
레 뿌아쏭 후쥬 쏭 데 뿌와쏭 도흔느망.
금붕어는 관상용 물고기이다.

240

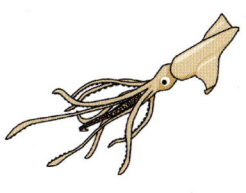

□ **calamar** [kalama:ʀ]
깔라마흐 m 오징어

□ **pieuvre** [pjœ:vʀ]
삐외브흐 f 문어

□ **homard** [ɔma:ʀ]
오마흐 m 바닷가재

□ **crabe** [kʀɑ:b]
크하브 m 게

□ **baleine** [balɛn]
발렌느 f 고래

□ **huître** [ɥitʀ] 위트흐
f 굴

□ **crevette** [kʀəvɛt]
크흐베뜨 f 새우

□ **tortue** [tɔʀty] 또흐뛰 f 거북
La tortue est un animal
symbole de longévité.
라 또흐뛰 에 떼 나니말 쎙볼르 드 롱제비떼.
거북은 대표적인 장수 동물이다.

1 인간
2 가정
3 수
4 도시
5 교통
6 업무
7 쇼핑
8 스포츠·취미
9 자연

관련 단어

- □ **tacaud** [tako] 따꼬 m 대구
- □ **anguille** [ɑ̃gij] 앙기으 f 장어
- □ **clam** [klam] 끌람 m 대합
- □ **ormeau** [ɔʀmo] 오흐모 m 전복
- □ **holothurie** [ɔlɔtyʀi] 올로뛰히 f 해삼
- □ **astérie** [asteʀi] 아스떼히 f 불가사리
- □ **algue comestible** [alg kɔmɛstibl] 알그 꼬메스띠블르 f 김
- □ **dasima** [dasima] 다시마 m 다시마
- □ **écaille** [ekɑːj] 에까이으 f (물고기의) 비늘
- □ **nageoire** [naʒwaːʀ] 나주아흐 f 지느러미
- □ **branchie** [bʀɑ̃ʃi] 브항쉬 f 아가미
- □ **palmure** [palmyːʀ] 빨뮈흐 f 물갈퀴
- □ **nageoire caudale** [naʒwaːʀ kodal] 나주아흐 꼬달르 f 꼬리지느러미

Dialogue

A: Quel est le nom de ce poisson?
껠 레 르 농 드 쓰 뿌아쏭?
이 물고기의 이름은 뭐예요?

B: C'est une truite.
쎄 뛴 트휘뜨.
그건 송어란다.

Unit 05

fruits 프휘 과일

□ **citron** [sitʀɔ̃] 씨트홍 m 레몬

Le citron a beaucoup d'acide citrique.
르 씨트홍 아 보꾸 다씨드 씨트히끄.
레몬에는 구연산이 많대요.

□ **pastèque** [pastɛk]
빠스테끄 f 수박

J'aimerais manger un morceau de pastèque fraîche.
젬므헤 망제 엥 모흐소 드 빠스테크 프헤슈.
시원한 수박 한 조각 먹었으면….

□ **pomme** [pɔm] 뽐므 f 사과

□ **raisin** [ʀɛzɛ̃]
해쟁 m 포도

□ **poire** [pwa:ʀ]
뿌아흐 f 배

□ **pêche** [pɛʃ]
뻬슈 f 복숭아

□ **clémentine** [klemɑ̃tin]
클레망띤느 f 귤

□ **fraise** [fʀɛːz] 프해즈 f 딸기

243

□ **abricot** [abʀiko] 아브히꼬 **m** 살구
Je vais prendre du pain de mie avec de
la confiture d'abricot.
쥬 베 프헝드흐 뒤 뺑 드 미 아베끄 들 라 꽁피뛰흐 다브히꼬.
식빵에 살구잼을 발라 먹어야겠다.

□ **orange** [ɔʀɑ̃:ʒ]
오헝쥬 **f** 오렌지

□ **kaki** [kaki] 까끼 **m** 감

□ **banane** [banan] 바난느 **f** 바나나
Les bananes se tachent de points
noirs en mûrissant.
레 바난 스 따슈 드 뽀엥 누아흐 앙 뮈히썽.
바나나는 익으면서 검은 반점이 생긴다.

□ **cacahuète** [kakawɛt]
까까웨뜨 **f** 땅콩

□ **ananas** [anana(s)]
아나나(스) **m** 파인애플

□ **marron** [ma[ɑ]ʀɔ̃] 마홍 **m** 밤

□ **noix** [nwa[ɑ]] 누아 **f** 호두

244

1 인간

2 가정

3 수

4 도시

5 교통

6 의무

7 쇼핑

8 스포츠 · 취미

9 지역

관련 단어

□ **prune** [pʀyn] 프휜느 f 자두

□ **melon** [məlɔ̃] 믈롱 m 멜론

□ **kiwi** [kiwi] 끼위 m 키위

□ **mangue** [mɑ̃ːg] 망그 f 망고

□ **figue** [fig] 피그 f 무화과

□ **jujube** [ʒyʒyb] 쥐쥐브 m 대추

□ **amande** [amɑ̃ːd] 아망드 f 아몬드

□ **pignon de pin** [piɲ] 삐뇽 드 뼁 f 잣

□ **raisin sec** [ʀɛzɛ̃ sɛk] 해쟁 쎄크 m 건포도

Dialogue

A: Les prunes sont bonnes pour la constipation.

레 프휜느 쏭 본느 뿌흐 라 꽁스티빠씨옹.

자두가 변비에 좋은 과일이래.

B: Ah bon? Je pensait qu'il n'y avait qu'aux pommes.

아 봉? 쥬 빵스 낄 니 아베 꼬 뽐므.

그래? 난 사과만 생각했는데.

A: En tout cas, la plupart de fruits est efficace.

앙 뚜 까, 라 쁠뤼빠흐 드 프휘 에 떼피까스.

하긴 과일이라면 거의 다 좋겠지.

245

plante 쁠랑뜨 식물

□ **feuille** [fœj]
퓌이으 f 잎

□ **branche** [bʀɑ̃:ʃ]
브항슈 f 나뭇가지

□ **cerne** [sɛʀn]
쎄흔느 m 나이테

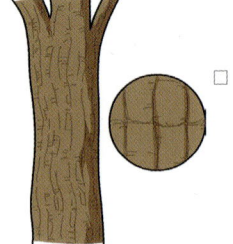

□ **écorce**
[ekɔʀs] 에꼬흐스
f 나무껍질

□ **fruit** [fʀɥi]
프휘 m 열매

□ **tronc** [tʀɔ̃]
트홍 m 나무 줄기

□ **racine** [ʀasin] 하씬 m
뿌리

□ **graine** [gʀɛn] 그렌느
f 씨앗

□ **bouton** [butɔ̃]
부똥 m 싹, 봉오리

□ **tige** [ti:ʒ]
띠쥬 f 줄기

□ **ginkgo** [ʒɛ̃ko] 쟁꼬 m 은행나무
Le ginkgo est très beau en automne.
르 쟁꼬 에 트헤 보 아 노똔느.
가을의 은행나무는 정말 아름답다.

□ **chêne** [ʃɛn] 쉔느 m 떡갈나무
Le gland est le fruit du chêne.
르 글랑 엘르 프휘 뒤 쉔느.
도토리는 떡갈나무의 열매란다.

□ **cocotier** [kɔkɔtje] 꼬꼬띠에 m 야자수

□ **pin** [pɛ̃] 뼁 m 소나무

관련 단어

□ **saule pleureur** [soːl ploeʀoeːʀ] 쏠 쁠뢰회흐 m 버드나무

□ **bambou** [bɑ̃bu] 방부 m 대나무

□ **châtaignier** [ʃɑtɛ[e]nje] 샤테니에 m 밤나무

□ **platane** [platan] 쁠라딴느 m 플라타너스

□ **peuplier** [pøplije] 푀쁠리에 m 포플러

□ **érable** [eʀabl] 에하블르 m 단풍나무

1 인간
2 가정
3 수
4 도시
5 교통
6 업무
7 쇼핑
8 스포츠·취미
9 자연

fleurs 플뢰흐 꽃

□ rose [Ro:z] 호즈 f 장미

□ lis [lis] 리스 m 백합

□ tournesol [tuʀnəsɔl]
뚜흐느쏠 m 해바라기

□ iris [iʀis] 이히스 m 붓꽃

□ violette [vjɔlɛt]
비올레뜨 f 제비꽃

□ gypsophila [dʒipsɔfia]
집쏘필라 m 안개꽃

□ pissenlit [pisɑ̃li]
삐쌍리 m 민들레

□ volubilis [vɔlybilis]
볼뤼빌리스 m 나팔꽃

□ orchidée [ɔʀkide]
오흐끼데 f 난초

□ **tulipe** [tylip] 뛸리쁘 f 튤립

Quand j'entends le mot
'tulipe', ça me rappelle les
Pays-Bas.
깡 장땅 르 모 뛸리쁘, 싸 므 하뻴르 레 뻬이 바.
튤립하면 네덜란드가 생각난다.

□ **chrysanthème** [kʀizɑ̃tɛm]
크히장뗌므 m 국화

Il y a beaucoup de sortes de
chrysanthèmes.
일 리 아 보꾸 드 소흐뜨 드 크히장뗌므.
국화의 종류도 무척 다양하다.

□ **lotus** [lɔtys]
로뛰스 m 연꽃

□ **azalée** [azale]
아잘레 f 진달래

□ **cactus** [kaktys]
깍뛰스 m 선인장

🔵 관련 단어

□ **pivoine** [pivwan] 삐부완느 f 모란

□ **forsythia** [fɔʀsis[t]ja] 포흐씨씨아 m 개나리

□ **roseau** [ʀozo] 호조 m 갈대

□ **eulalia** [ølalia] 욀랄리아 m 억새

□ **mauvaises herbes** [mo[ɔ]vɛːz ɛʀb] 모베 제흐브 fpl 잡초

□ **pétale** [petal] 뻬딸르 m 꽃잎

□ **bouton de fleur** [butɔ̃ də flœːʀ] 부똥 드 플뢰흐 m 꽃봉오리

□ **pollen** [pɔ(l)lɛn] 뽈렌 m 꽃가루

□ **langage des fleurs** [lɑ̃gaːʒ de flœːʀ] 랑가쥬 데 플뢰흐 m 꽃말

1 인간
2 가정
3 수
4 도시
5 교통
6 업무
7 쇼핑
8 스포츠·취미
9 자연

légume 레겸므 **야채**

□ **navet** [navɛ]
나베 **m** 무

□ **carotte** [kaʀɔt] 꺄호뜨 **f** 당근

Tu sais que le cheval aime
les carottes?
뛰 쎄 끄 르 슈발 엠므 레 꺄호뜨?
말이 당근 좋아하는 거 알지?

□ **concombre** [kɔ̃kɔ̃:bʀ]
꽁꽁브흐 **m** 오이

□ **ail** [aj] 아이으
m 마늘

□ **oignon** [ɔɲɔ̃]
오뇽 **m** 양파

□ **pomme de terre**
[pɔm də tɛ:ʀ] 뽐므 드 테흐
f 감자

□ **ciboule** [sibul]
씨불르 **f** 파

□ **soja** [sɔʒa] 쏘자
m 콩

□ **patate douce**
[patat dus] 빠따뜨 두스
f 고구마

□ **épinards** [epina:ʀ] 에삐나흐 **mpl** 시금치
Popeye aime vraiment les épinards?
뽀뻬예 앰므 브헤망 레 제삐나흐?
뽀빠이는 정말 시금치를 좋아했을까?

□ **salade verte** [salad vɛːʀt]
쌀라드 베흐뜨 f 양상추

□ **potiron** [pɔtiʀɔ̃]
뽀티홍 m 호박

□ **champignon** [ʃɑ̃piɲɔ̃]
샹삐뇽 m 버섯

□ **poivron** [pwavʀɔ̃]
뿌아브홍 m 피망

□ **tomate** [tɔmat] 또마뜨 f 토마토

Ce n'est pas important de savoir
si la tomate est un légume ou un
fruit.
쓰 네 빠 앵뽀흐땅 드 싸부아흐 씨 라 또마뜨 에 땡
레귐므 우 엥 프휘.
토마토가 채소인가 과일인가는 중요하지 않아.

□ **piment** [pimɑ̃] 삐망
m 고추

Les petit piments
sont très piquants.
르 쁘띠 삐망 송 트헤 삐깡.
작은 고추가 정말 맵네.

관련 단어

□ **chou** [ʃu] 슈 m 배추

□ **laitue** [lety] 레뛰 f 상추

□ **brocoli** [bʀɔkɔli] 브호꼴리 m 브로콜리

□ **aubergine** [obɛʀʒin] 오베흐진느 f 가지

□ **racine de lotus** [ʀasin də lɔtys] 하씬느 드 로뛰스 f 연근

□ **gingembre** [ʒɛ̃ʒɑ̃:bʀ] 쟁장브흐 m 생강

□ **pousses de soja** [pus də sɔʒa] 뿌쓰 드 쏘자 fpl 콩나물

□ **pousses de haricots mungo** [pus də aʀiko mɑ̃go]
뿌쓰 드 아히코 멍고 fpl 숙주나물

1 인간
2 가정
3 수
4 도시
5 교통
6 업무
7 쇼핑
8 스포츠·취미
9 지역

 **paysage** 뻬이자쥬 **풍경**

□ **lac** [lak]
라끄 m 호수

□ **cascade** [kaskad]
꺄스꺄드 f 폭포

□ **vallée** [vale]
발레 f 계곡

□ **plateau** [plato]
쁠라또 m 고원

□ **colline** [kɔlin]
꼴린느 f 언덕, 구릉

□ **grotte** [gʀɔt]
그호뜨 f 동굴

□ **fleuve** [flœːv]
플뢰브 m 강

□ **ruisseau** [ʀɥiso]
휘쏘 m 개울

□ **paroi** [paʀwa[ɑ]]
빠후아 f 절벽

□ **pente** [pɑ̃ːt]
빵뜨 f (산)비탈

□ **forêt** [fɔʀɛ]
포헤 f 숲

□ **prairie** [pʀɛ[e]ʀi]
프헤히 f 초원

□ **montagne** [mɔ̃taɲ]
몽따뉴 f 산

□ **volcan** [vɔlkɑ̃]
볼깡 m 화산

□ **rocher** [Rɔʃe]
호쉐 m 바위

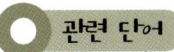
관련 단어

- □ **désert** [dezɛːʀ] 데제흐 m 사막
- □ **plage de sable blanc** [plaːʒ də saːbl blɑ̃] 쁠라쥬 드 싸블르 블랑 f 백사장
- □ **bassin** [basɛ̃] 바쌩 m 분지
- □ **horizon** [ɔʀizɔ̃] 오히종 m 지평선, 수평선
- □ **quatre points cardinaux** [katʀ pwɛ kaʀdino]
  꺄트흐 쁘웽 까흐디노 mpl 동서남북

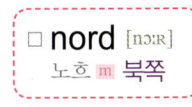
□ **nord** [nɔːʀ]
노흐 m 북쪽

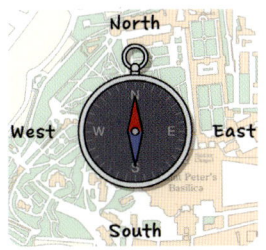

□ **ouest** [west]
웨스뜨 m 서쪽

□ **est** [ɛst]
에스뜨 m 동쪽

□ **sud** [syd]
쉬드 m 남쪽

1 인간
2 가정
3 수
4 도시
5 교통
6 업무
7 쇼핑
8 스포츠·취미
9 지역

climat 끌리마 날씨

□ **soleil** [sɔlɛj]
쏠레이으 m 태양

□ **nuage** [nɥɑːʒ]
뉘아쥬 m 구름

□ **vent** [vɑ̃]
방 m 바람

□ **pluie** [plɥi] 쁠뤼 f 비
□ **inondation** [inɔ̃dɑsjɔ̃]
이농다씨옹 f 홍수

□ **neige** [nɛːʒ]
네쥬 f 눈

□ **arc-en-ciel** [aʀkɑ̃sjɛl]
아흐깡씨엘 m 무지개

□ **éclair** [eklɛːʀ]
에끌레흐 m 번개

□ **brouillard**
[bʀujaːʀ] 브후이야흐
m 안개

□ **stalactite**
[stalaktit] 스딸락띠뜨
f 고드름

관련 단어

- □ **ciel** [sjɛl] 씨엘 m 하늘
- □ **neige fondue** [nɛːʒ fɔ̃dy] 네쥬 퐁뒤 f 진눈깨비
- □ **grêle** [gʀɛl] 그헬르 f 우박
- □ **averse** [avɛʀs] 아베흐스 f 소나기
- □ **givre** [ʒiːvʀ] 지브흐 m 서리
- □ **glace** [glas] 글라스 f 얼음
- □ **ouragan** [uʀagɑ̃] 우하강 m 폭풍우
- □ **tonnerre** [tɔnɛːʀ] 또네흐 m 천둥
- □ **sécheresse** [sɛ[e]ʃʀɛs] 쎄슈헤쓰 f 가뭄
- □ **nébulosité** [nebylozite] 네뷜로지떼 f 흐림
- □ **Il fait gris** [il fɛ gʀi] 일 패 그히 구름이 많다
- □ **brumer** [bʀyme] 브휘메 안개가 끼다
- □ **pleuvoir** [pløvwaːʀ] 쁠뢰부아흐 비가 내리다
- □ **neiger** [nɛ[e]ʒe] 네제 눈이 내리다
- □ **être humide** [ɛtʀ ymid] 에트흐 위미드 습하다
- □ **être sec(èche)** [ɛtʀ sɛk, sɛʃ] 에트흐쎄끄(슈) 건조하다

Dialogue

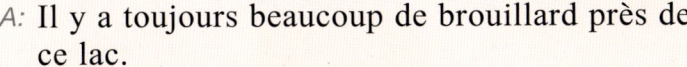

A: Il y a toujours beaucoup de brouillard près de ce lac.
일 리 아 뚜쥬흐 보꾸 드 브후이야흐 프헤 드 쓰 라ㄲ.
이 호수 주변은 항상 안개가 끼어 있네.

B: C'est pourquoi j'ai toujours un peu froid quand je passe ici.
쎄 부흐꾸아 제 뚜쥬흐 엥 쀠 프화 깡 쥬 빠스 이씨.
그래서 그런지 여기를 지나가려면 좀 으스스하더라.

255

matière 마띠에흐 물질

□ **métal** [metal]
메딸르 m 금속

□ **pétrole** [petʀɔl]
뻬트홀 m 석유

□ **charbon** [ʃaʀbɔ̃]
샤흐봉 m 석탄

□ **sol** [sɔl] 쏠 m 토양
Le sol est de plus en plus
pollué.
르 쏠 에 드 쁠뤼 장 쁠뤼 뿔뤼에.
토양은 점점 오염되고 있다.

□ **électricité** [elɛktʀisite]
엘렉트히씨떼 f 전기

S'il n'y avait pas d'électricité…
씰 니 아베 빠 델렉트히씨떼.
전기가 발명되지 않았더라면….

□ **liquide** [likid]
리끼드 m 액체

□ **gaz** [gɑːz]
가즈 m 기체

□ **solide** [sɔlid]
쏠리드 m 고체

□ **lumière** [lymjɛːʀ]
뤼미에흐 f 빛

□ **chaleur** [ʃalœːʀ]
샬뢰흐 f 열

□ **feu** [fø] 푀 m 불

□ **fumée** [fyme] 퓌메 f 연기
Autrefois, la fumée des cheminées
d'usine était le signe de
modernisation.
오트흐푸아, 라 퓌메 데 슈미네 뒤진느 에떼 르 씨뉴 드
모데흐니자씨옹.
한때 공장 굴뚝의 연기는 근대화의 상징이었지.

□ **eau** [o] 오 f 물
L'eau du robinet est-elle
potable?
로 뒤 호비네 에—뗄 뽀따블르?
수돗물을 그냥 먹어도 되나요?

관련 단어

□ **or** [ɔːʀ] 오흐 m 금

□ **argent** [aʀʒɑ̃] 아흐쟝 m 은

□ **cuivre** [kɥiːvʀ] 꿰브흐 m 구리

□ **fer** [fɛːʀ] 페흐 m 철

□ **vapeur** [vapœːʀ] 바뾔흐 f 증기

□ **son** [sɔ̃] 쏭 m 소리

□ **force** [fɔʀs] 포흐쓰 f 힘

1 인간
2 가정
3 수
4 도시
5 교통
6 업무
7 쇼핑
8 스포츠·취미
9 자연

couleur 꿀레흐 색

□ **noir** [nwaːʀ]
누아흐 m 검은색

□ **gris** [gʀi]
그히 m 회색

□ **blanc** [blɑ̃]
블랑 m 흰색

□ **rouge** [ʀuːʒ]
후쥬 m 빨간색

□ **bleu** [blø]
블뢰 m 파란색

□ **jaune** [ʒoːn]
죤느 m 노란색

□ **brun** [bʀœ̃]
브횽 m 갈색

□ **vert** [vɛːʀ]
베흐 m 녹색

□ **violet** [vjɔlɛ]
비올레 m 보라색

258

□ **rose** [ROːZ] 호즈 m 분홍색

□ **orange** [ɔʀɑ̃ːʒ] 오향쥬 m 주황색

□ **bleu foncé** [blø fɔ̃se]
블뢰 퐁쎄 m 짙은 청색

□ **couleur ivoire** [kulœːʀ ivwaːʀ]
꿀뢰흐 이부아흐 f 상아색

□ **couleur argent** [kulœːʀ aʀʒɑ̃]
꿀뢰흐 아흐쟝 f 은색

Ce bâtiment d'argent a été
construit de nouveau.
쓰 바띠망 다흐쟝 아 에떼 꽁스트휘 드 누보.
저 은색 건물 새로 지었구나.

□ **beige** [bɛːʒ] 베쥬 m 베이지색
Cette femme qui porte un
pantalon beige, que pensez-
vous d'elle?
쎄뜨 팜므 끼 뽀흐뜨 엥 빵딸롱 베쥬, 끄 빵
세-부 뗄?
베이지색 바지 입은 저 여자 어때?

Dialogue

A: Quelle couleur aimez-vous?
껠 꿀뢰흐 에메-부?
무슨 색을 좋아하세요?

B: J'aime le violet et le bleu.
젬므 르 비올레 엘 르 블뢰.
보라색이랑 파란색을 좋아해요.

259

 Unit 13

univers 위니베흐 **우주**

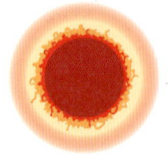

□ **soleil** [sɔlɛj] 쏠레이으
m 해, 태양

□ **planète** [planɛt] 쁠라네뜨
f 행성, 혹성

□ **étoile** [etwal]
에뚜왈르 f 별, 항성

□ **lune** [lyn]
륀느 f 달

□ **météore** [meteɔːʀ]
메떼오흐 m 유성

□ **terre** [tɛːʀ] 떼흐 f 지구
Quel est l'avenir de la
terre?
껠 레 라브니흐 들 라 떼흐?
지구의 미래는 어떻게 될까?

□ **nouvelle lune**
[nuvɛl lyn] 누벨 륀느
f 초승달

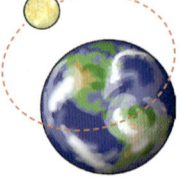

□ **demi-lune**
[dəmilyn] 드미-륀느
f 반달

□ **pleine lune** [plɛn lyn]
쁠렌느 륀느 f 보름달

1 인간

2 가정

3 수

4 도시

5 교통

6 업무

7 쇼핑

8 스포츠·취미

9 자연

관련 단어

- □ galaxie [galaksi] 걀락씨 f 은하계
- □ système solaire [sistɛm sɔlɛːʀ] 씨스뗌므 쏠레흐 m 태양계
- □ Vénus [venys] 베뉘스 f 금성
- □ Mars [maʀs] 마흐쓰 m 화성
- □ comète [kɔmɛt] 꼬메뜨 f 혜성
- □ satellite [sate[ɛl]lit] 싸뗄리뜨 m 위성
- □ éclipse de soleil [eklips də sɔlɛj] 에클립스 드 쏠레이으 f 일식
- □ éclipse de lune [eklips də lyn] 에클립스 드 륀느 f 월식
- □ technique scientifique [tɛknik sjãtifik] 떼끄니끄 씨앙띠피크 f 과학 기술
- □ astronaute [astʀɔnoːt] 아스트호노뜨 n 우주 비행사
- □ navette spatiale [navɛt spasjal] 나베뜨 스빠씨알르 f 우주 왕복선
- □ ovni [ɔvni] 오브니 m 미확인 비행물체, UFO

Dialogue

A: Est-ce que les OVNI existent vraiment?
에스끄 레 오브니 에그지스뜨 브헤망?
정말 UFO가 있을까? 넌 어떻게 생각해?

B: Euh, peut-être... Je ne sais pas trop.
으, 뿨 뻬트흐... 쥬 느 쎄 빠 트호.
글쎄, 있을 것 같기도 하고…. 잘 모르겠어.

A: Je crois qu'ils existent. Il y a beaucoup des preuves.
쥬 크후아 낄 레그지스뜨. 일 리 아 보꾸 데 프회브.
난 있을 거 같아. 여러 가지 증거들도 있잖아.

terre 떼흐 **지구**

□ **terre ferme** [tɛːʀ fɛʀm]
떼흐 페흠므 f 육지

□ **océan** [ɔseɑ̃] 오쎄앙
m 대양

□ **mer** [mɛːʀ] 메흐
f 바다

□ **continent** [kɔ̃tinɑ̃]
꽁띠낭 m 대륙

□ **île** [il] 일르
f 섬

□ **chaîne de montagnes**
[ʃɛn də mɔ̃taɲ]
쉔느 드 몽따뉴 f 산맥

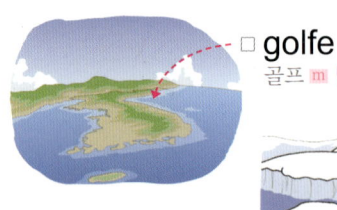

□ **golfe** [gɔlf]
골프 m 만

□ **péninsule**
[penɛ̃syl] 뻬냉쉴르
f 반도

□ **pôle Nord**
[poːl nɔːʀ] 뽈 노흐 m 북극

□ **pôle Sud** [poːl syd]
뽈 쉬드 m 남극

262

□ latitude [latityd]
라띠뛰드 f 위도

□ pente [pɑ̃ːt]
빵뜨 f 경도

□ équateur [ekwatœːʀ]
에꾸아뙤흐 m 적도

□ désert [dezeːʀ]
데제흐 m 사막

□ atmosphère
[atmɔsfɛːʀ] 아뜨모스페흐
f 대기

□ détroit [detʀwa[ɑ]]
데트후아 m 해협

Dialogue

A: De nos jours, des catastrophes naturelles ont lieu partout. C'est grave.
드 노 쥬흐, 데 까따스트호프 나뛰헬 옹 리외 빠흐뚜, 쎄 그하브.
최근 지구 곳곳에서 천재지변이 발생하잖아. 심각한 일이야.

B: Je m'inquiète vraiment pour l'avenir de la terre.
쥬 멩끼에뜨 브헤망 뿌흐 라브니흐 들 라 떼흐.
정말 지구의 미래가 걱정된다.

1 인간
2 가정
3 수
4 도시
5 교통
6 업무
7 쇼핑
8 스포츠·취미
9 자연

position·direction
뽀지씨옹·디헥씨옹 **위치·방향**

□ **dans** [dã] 당 ~의 안에

Elle accompagne son mari dans la maison.
엘 라꽁빠뉴 쏭 마히 당 라 메종.
그녀는 남편을 집 안에서 배웅했다.

□ **dehors** [dɔɔːʀ] 드오흐 m 바깥

□ **milieu** [miljø] 밀리외
m 가운데

La flèche a volé et s'est enfoncée au milieu de la cible.
라 플레슈 아 볼레 에 쎄 땅퐁쎄 오 밀리외 들 라 씨블르.
화살이 날아가 과녁 가운데 박혔다.

□ **gauche** [goːʃ]   □ **droite** [dʀwa[ɑ]t]
고슈 f 왼쪽   드후아뜨 f 오른쪽

□ **avant** [avã] ⟷ □ **arrière** [aʀjɛːʀ]
아방 앞에   아히에흐 뒤에

□ **à côté** [a kote] 아꼬떼 옆
Le chien dort à côté de sa niche.
르 쉬엥 쏭도흐 아 꼬떼 드 싸 니쉬.
개집 옆에서 개가 자고 있다.

1 인간

2 가정

3 수

4 도시

5 교통

6 업무

7 쇼핑

8 스포츠·취미

9 지역

□ **de la maison à la gare** [də la mɛzɔ̃ a la gaːʀ]
들 라 메종 알 라 갸흐 집에서부터 역까지

□ **de l'autre côté** [də loːtʀ kote]
드 로트흐 꼬떼 m 건너편

□ **entre** [ɑ̃tʀ] 앙트흐 m 사이 - - - ►

□ **sur** [syʀ] 쒸흐 위

□ **sous** [su] 쑤
아래, 밑

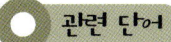
관련 단어

□ **être proche** [ɛtʀ pʀɔʃ] 에트흐 프호슈 가깝다
↔ □ **être loin** [ɛtʀ lwɛ̃] 에트흐 루앵 멀다
□ **en haut** [ɑ̃ o] 앙 오 위로
↔ □ **en bas** [ɑ̃ ba] 앙 바 아래로

antonyme 앙또님므 **반대말**

□ **être grand(e)** [ɛtʀ gʀɑ̃, -:d] ↔ □ **être petit(e)** [ɛtʀ pəti, -it]
에트흐 그항(드) **크다**　　　　　　　에트흐 쁘띠(뜨) **작다**

□ **être clair(e)** [ɛtʀ klɛ:ʀ] ↔ □ **être sombre** [ɛtʀ sɔ̃bʀ]
에트흐 끌레흐 **밝다**　　　　　　에트흐 쏭브흐 **어둡다**

□ **être haut(e)** [ɛtʀ o, o:t]
에트흐 오(뜨) **높다**

↔ □ **être bas(se)** [ɛtʀ bɑ, -s]
에트흐 바(스) **낮다**

 ↔

□ **être neuf(ve)** [ɛtʀ nœf, -œ:v] □ **être vieux(vieille)** [ɛtʀ vjø, vjɛj]
에트흐 뇌프(브) **새롭다**　　　　에트흐 비외(비에이으) **낡다**

Les vieilles choses ne sont pas moins bonnes que les nouvelles.
레 비에이으 쇼즈 느 쏭 빠 므웽 본느 끌 레 누벨.
낡은 것이 새로운 것보다 나쁜 것은 아니다.

□ être léger(ère) [ɛtʀ leʒe, -ɛ:ʀ]
에트흐 레제(흐) **가볍다**

□ être lourd(e) [ɛtʀ luːʀ, -uʀd]
에트흐 루흐(드) **무겁다**

□ être large [ɛtʀ laʀʒ]
에트흐 라흐쥬 **넓다**

□ être étroit(e) [ɛtʀ etʀwa[ɑ], -a[ɑ:]t]
에트흐 에트후아(뜨) **좁다**

□ être rapide [ɛtʀ ʀapid]
에트흐 하삐드 **빠르다**

□ être lent(e) [ɛtʀ lɑ̃, -ɑ̃:t]
에트흐 랑(뜨) **느리다**

Lent ou rapide, l'important, c'est de faire ce qu'on a à faire.
랑 우 하삐드, 렝뽀흐땅, 쎄 드 페흐 스 꽁 아 아 페흐.
좀 느리든 빠르든 자기 할 일을 하면 되겠지.

□ être bon(ne) [ɛtʀ bɔ̃, -ɔn]
에트흐 봉(본느) **좋다**

□ être mauvais(e) [ɛtʀ mo [ɔ]vɛ, -ɛ:z]
에트흐 모베(즈) **나쁘다**

1 인간
2 가정
3 수
4 도시
5 교통
6 업무
7 쇼핑
8 스포츠 · 취미
9 지역

 ↔

□ **être beau(belle)** [ɛtʀ bo, bɛl]
에트흐 보(벨르) 아름답다

□ **être laid(e)** [ɛtʀ lɛ, -ɛd]
에트흐 레(드) 추하다

Regarde les fleurs. Les belles choses deviennent laides un jour.
흐갸흐드 레 쁠뢰흐. 레 벨 쇼즈 드비엔느 레드 엥 쥬흐.
꽃을 봐. 아름다운 것도 언젠가는 추해지는 거야.

 ↔

□ **serrer** [seʀe] 쎄헤
팽팽하다, 꽉 조이다

□ **être lâche** [ɛtʀ lɑ:ʃ]
에트흐 라슈 느슨하다

 ↔

□ **être pointu** [ɛtʀ e[ɛ]gy]
에트흐 뽀엥뛰 예리하다

□ **être émoussé(e)** [ɛtʀ emuse]
에트흐 에무쎄 무디다, 둔하다

 ↔

□ **être propre** [ɛtʀ pʀɔpʀ]
에트흐 프호프흐 깨끗하다

□ **être sale** [ɛtʀ sal]
에트흐 쌀 더럽다

□ **ouvrir** [uvRi:R] 우브히흐 **열다**　　□ **fermer** [fɛRme] 페흐메 **닫다**

Pourquoi tu ouvres et fermes la fenêtre? C'est agaçant.
뿌흐꾸아 뛰 우브흐 에 페흐므 라 프네트흐? 쎄 아가쌍.
창문을 왜 자꾸 열었다 닫았다 하는 거니? 신경 쓰이게.

□ **être sec(èche)** [ɛtR sɛk, sɛʃ]
에트흐 쎄끄(슈) **마르다, 건조하다**

□ **être humide** [ɛtR ymid]
에트흐 위미드 **젖다, 습하다**

□ **se remplir** [sə Rɑ̃pli:R]
쓰 항쁠리흐 **가득 차다**

□ **être vide** [ɛtR vid]
에트흐 비드 **텅 비다**

□ **jour** [ʒu:R] 쥬흐 m **낮**　　□ **nuit** [nɥi] 뉘 f **밤**

Aujourd'hui, c'est l'équinoxe d'automne. Le jour et
la nuit ont la même durée.
오쥬흐디, 쎄 레끼녹스 도똔느. 르 쥬흐 엘 라 뉘 옹 라 멤므 뒤헤.
오늘은 밤과 낮의 길이가 같은 추분이야.

1 인간
2 가정
3 수
4 도시
5 교통
6 업무
7 쇼핑
8 스포츠·취미
9 자연

269

 ↔

□ **être diligent(e)** □ **être paresseux(se)** [ɛtʀ paʀɛsø, -ø:z]
[ɛtʀ diliʒɑ̃, -ɑ̃:t] 에트흐 빠헤쐬(즈) **게으르다**

에트흐 딜리쟝(뜨)

부지런하다

□ **être riche** [ɛtʀ ʀiʃ] ↔ □ **être pauvre** [ɛtʀ po:vʀ]
에트흐 히슈 **부유하다** 에트흐 뽀브흐 **가난하다**

□ **attaquer** [atake] 아따께 ↔ □ **défendre** [defɑ̃:dʀ]
공격하다 데팡드흐 **방어하다**

Il a la lance qui attaque et le bouclier qui défend.
일 라 라 랑쓰 끼 아따끄 엘 르 부끌리에 끼 데팡.
그는 공격하는 창과 방어하는 방패를 둘 다 가진 사람이다.

 ↔

□ **marié(e)** [maʀje] □ **célibataire** [selibate:ʀ]
마히에 **결혼한** 쎌리바떼흐 **미혼의**

270

1 인간
2 가정
3 수
4 도시
5 교통
6 업무
7 쇼핑
8 스포츠·취미
9 지역

관련 단어

□ **être grand(e)** [ɛtʀ gʀɑ̃, -:d)] 에트흐 그항(드) 키가 크다

　↔ □ **être petit(e)** [ɛtʀ pəti, -it] 에트흐 쁘띠(뜨) 키가 작다

□ **être gros(se)** [ɛtʀ gʀo, -o:s] 에트흐 그호(스) 뚱뚱하다

　↔ □ **être maigre** [ɛtʀ mɛgʀ] 에트흐 매그흐　여위다, 마르다

□ **être froid(e)** [ɛtʀ fʀwa[ɑ], -a[ɑ:]d] 에트흐 프후아(드) 차갑다

　↔ □ **être chaud(e)** [ɛtʀ ʃo, ʃo:d] 에트흐 쇼(드) 뜨겁다

□ **être heureux(se)** [ɛtʀ œʀø, -ø:z] 에트흐 에회(즈) 행복하다

　↔ □ **être peiné(e)** [ɛtʀ pɛ[e]ne] 에트흐 뻬네 괴롭다

□ **aimer** [ɛ[e]me] 에메 좋아하다

　↔ □ **détester** [detɛste] 데떼스떼 싫어하다

□ **être nombreux(se)** [ɛtʀ nɔ̃bʀø, -ø:z] 에트흐 농브회(즈) 많다

　↔ □ **être insuffisant(e)** [ɛtʀ ɛ̃syfizɑ̃, -ɑ̃:t] 에트흐 앵쉬피장(뜨) 적다

□ **être luxueux(se)** [ɛtʀ lyksɥø, -ø:z] 에트흐 뤽쒸외(즈) 화려하다

　↔ □ **être simple** [ɛtʀ sɛ̃:pl] 에트흐 쌩쁠르 소박하다

□ **être fort(e)** [ɛtʀ fɔːʀ, fɔʀt] 에트흐 포흐(뜨) 강하다

　↔ □ **être faible** [ɛtʀ fɛbl] 에트흐 페블르 약하다

□ **commencer** [kɔmɑ̃se] 꼬망쎄 시작하다

　↔ □ **finir** [finiːʀ] 피니흐 끝나다

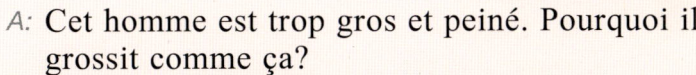

Dialogue

A: Cet homme est trop gros et peiné. Pourquoi il grossit comme ça?

　쎄 똠므 에 트호 그호 에 뻬네. 뿌흐꾸아 일 그호씨 꼼싸?

　저 사람 너무 뚱뚱해서 괴롭겠다. 왜 저렇게 살이 많이 쪘을까?

B: Selon les médecins, l'obésité est une maladie.

　쓸롱 레 메드쨍, 로베지떼 에 뛴느 말라디.

　의사들이 하는 말이, 비만도 병이라더라.

271

 Unit 17

나라 이름·수도 이름 및 인구

아시아 Asie 아지

□ 네팔 Népal 네빨 　□ 카트만두 Katmandou 까뜨망두		2,474만
□ 대만 Taïwan 따이완 　□ 타이베이 Taipei 따이뻬이		2,268만
□ 라오스 Laos 라오스 　□ 비엔티안 Vientiane 비엔티인느		560만
□ 레바논 Liban 리방 　□ 베이루트 Beyrouth 베후트		440만
□ 말레이시아 Malaisie 말레지 　□ 쿠알라룸푸르 Kuala Lumpur 꾸알라 룸쁘흐		2,500만
□ 몽골 Mongolie 몽골리 　□ 울란바토르 Oulan-Bator 울랑−바또흐		250만
□ 미얀마 Myanmar 미얀마흐 　□ 네피도 Naypyidaw 네삐도		5,217만
□ 방글라데시 Bangladesh 방글라데슈 　□ 다카 Dhaka 다꺄흐		1억3,810만
□ 베트남 Viêt-nam 비엣남 　□ 하노이 Hanoï 아노이		8,206만
□ 북한 Corée du Nord 꼬헤 뒤 노흐 　□ 평양 Pyongyang 뽕양그		2,250만

□ 사우디아라비아 Arabie Saoudite 아하비 사우디뜨 　□ 리야드 Riyadh 히야드	2,400만	
□ 스리랑카 Sri Lanka 스히랑까 　□ 콜롬보 Colombo 꼴롱보	1,990만	
□ 시리아 Syrie 시히 　□ 다마스쿠스 Damas 다마스	1,820만	
□ 싱가포르 Singapour 쌩가뿌흐 　□ 싱가포르 Singapour 쌩가뿌흐	420만	
□ 아프가니스탄 Afghanistan 아프가니스땅 　□ 카불 Kabul 까뷜	2,510만	
□ 예멘 Yémen 예멘 　□ 사나 Sanaa 싸나	1,970만	
□ 우즈베키스탄 Ouzbékistan 우즈베키스땅 　□ 타슈켄트 Tachkent 따슈켄트	2,560만	
□ 이라크 Irak 이하끄 　□ 바그다드 Bagdad 바그다드	2000만	
□ 이란 Iran 이항 　□ 테헤란 Téhéran 떼에항	6,800만	
□ 이스라엘 Israël 이스하엘 　□ 예루살렘 Jérusalem 제휘살렘	688만	
□ 인도 Inde 앵드 　□ 뉴델리 New-Delhi 뉴델리	10억2,700만	
□ 인도네시아 Indonésie 앵도네지 　□ 자카르타 Jakarta 쟈까흐따	2억1천만	

1 인간
2 가정
3 수
4 도시
5 교통
6 업무
7 쇼핑
8 스포츠·취미
9 지역

273

□ 일본 Japon 쟈뽕		1억2천만
□ 도쿄 Tokyo 또꾜		
□ 중국 Chine 쉰느		12억9천만
□ 베이징 Pékin 뻬껭		
□ 카자흐스탄 Kazakhstan 까자크스땅		1,490만
□ 아스타나 Astana 아스따나		
□ 캄보디아 Cambodge 깡보쥬		1,300만
□ 프놈펜 Phnom Penh 프놈 펜		
□ 태국 Thaïlande 따일랑드		6,197만
□ 방콕 Bangkok 방꼬끄		
□ 터키 Turquie 뛰흐키		6,700만
□ 앙카라 Ankara 앙카하		
□ 파키스탄 Pakistan 빠끼스땅		1억4,872만
□ 이슬라마바드 Islamabad 이슬라마바드		
□ 필리핀 Philippines 필리삔		8,150만
□ 마닐라 Manille 마니으		
□ 한국 Corée 꼬헤		4,850만
□ 서울 Séoul 쎄울		

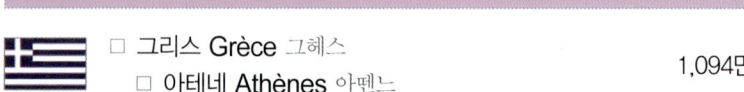

유럽 Europe 유홉

□ 그리스 Grèce 그헤스		1,094만
□ 아테네 Athènes 아뗀느		

1 인간

2 가정

3 수

4 도시

5 교통

6 업무

7 쇼핑

8 스포츠·취미

9 지역

□ 네덜란드 (les)Pays-Bas (레) 빠이 바 　□ 암스테르담 Amsterdam 암스테흐담	1,620만	
□ 노르웨이 Norvège 노르베쥬 　□ 오슬로 Oslo 오슬로	457만	
□ 덴마크 Danemark 단느마흐크 　□ 코펜하겐 Copenhague 꼬펜아그	540만	
□ 독일 Allemagne 알르마뉴 　□ 베를린 Berlin 베흘랭	8,250만	
□ 러시아 Russie 휘씨 　□ 모스크바 Moscou 모스꾸	1억4,350만	
□ 루마니아 Roumanie 후마니 　□ 부쿠레슈티 Bucarest 뷔까헤스뜨	2,190만	
□ 룩셈부르크 Luxembourg 뤽쌍부흐 　□ 룩셈부르크 Luxembourg 뤽쌍부흐	45만	
□ 벨기에 Belgique 벨지끄 　□ 브뤼셀 Bruxelles 브휘셀	1,030만	
□ 스웨덴 Suède 쉬에드 　□ 스톡홀름 Stockholm 스토콜름므	901만	
□ 스위스 Suisse 쉬스 　□ 베른 Bern 베흔느	739만	
□ 스페인 Espagne 에스빠뉴 　□ 마드리드 Madrid 마드히드	4,269만	
□ 아일랜드 Irlande 이흘랑드 　□ 더블린 Dublin 뒤블랭	392만	

275

□ 영국 Royaume-Uni 후아윰므−위니
    □ 런던 Londres 롱드흐   5,923만

□ 오스트리아 Autriche 오트히슈
    □ 빈 Vienne 비엔느   810만

□ 우크라이나 Ukraine 위크헨느
    □ 키예프 Kiev 끼에브   4,660만

□ 이탈리아 Italie 이딸리
    □ 로마 Rome 홈므   5,700만

□ 체코 République tchèque 헤쀠블리끄 체크
    □ 프라하 Prague 프하그   1,000만

□ 포르투갈 Portugal 뽀흐뛰갈
    □ 리스본 Lisbonne 리스본느   1,053만

□ 폴란드 Pologne 뽈로뉴
    □ 바르샤바 Varsovie 바흐쏘비   3,830만

□ 프랑스 France 프항쓰
    □ 파리 Paris 빠히   6,168만

□ 핀란드 Finlande 팽랑드
    □ 헬싱키 Helsinki 엘싱키   524만

□ 헝가리 Hongrie 옹그히
    □ 부다페스트 Budapest 뷔다뻬스트   1,009만

아프리카 Afrique 아프히끄

	□ 가나 Ghana 가나		2,090만
	□ 아크라 Accra 아크하		
	□ 나이지리아 Nigeria 니제히아		1억3500만
	□ 아부자 Abuja 아부자		
	□ 남아프리카공화국 Afrique du Sud 아프히끄 뒤 쉬드		4,483만
	□ 프리토리아 Pretoria 프히토히아		
	□ 모로코 Maroc 마호끄		3,008만
	□ 라바트 Rabat 하바뜨		
	□ 수단 Soudan 수당		3,361만
	□ 하르툼 Khartoum 카흐툼		
	□ 알제리 Algérie 알제히		3,180만
	□ 알제 Alger 알제		
	□ 에티오피아 Éthiopie 에티오삐		7,000만
	□ 아디스아바바 Addis Abeba 아디스 아베바		
	□ 우간다 Ouganda 우강다		2,590만
	□ 캄팔라 Kampala 깡빨라		
	□ 이집트 Egypte 에집뜨		6,920만
	□ 카이로 Le Caire 르 께흐		
	□ 케냐 Kenya 께냐		3,240만
	□ 나이로비 Naïrobi 나이호비		
	□ 탄자니아 Tanzanie 땅자니		3,520만
	□ 도도마 Dodoma 도도마		

1 인간
2 가정
3 수
4 도시
5 교통
6 업무
7 쇼핑
8 스포츠·취미
9 지역

오세아니아 Océanie 오세아니

□ 뉴질랜드 Nouvelle-Zélande 누벨 젤랑드
 □ 웰링턴 Wellington 웰링똥 — 403만

□ 호주 Australie 오스트할리
 □ 캔버라 Canberra 깡베하 — 1,900만

아메리카 Amérique 아메히끄

□ 멕시코 Mexique 멕시끄
 □ 멕시코시티 Mexico 멕시꼬 — 1억350만

□ 미국 (les)États-Unis (레) 제따 쥐니
 □ 워싱턴 Washington 와슁똥 — 3억1백만

□ 베네수엘라 Venezuela 베네쥐엘라
 □ 카라카스 Caracas 카하카스 — 2,500만

□ 브라질 Brésil 브헤질
 □ 브라질리아 Brasilia 브하질리아 — 1억8천만

□ 아르헨티나 Argentine 아흐쟝띤느
 □ 부에노스아이레스 Buenos Aires 부에노제흐 — 3,810만

□ 칠레 Chilli 쉴리
 □ 산티아고 Santiago 쌍티아고 — 1,596만

□ 캐나다 Canada 꺄나다
 □ 오타와 Ottawa 오따와 — 3,000만

□ 콜롬비아 Colombie 꼴롱비
   □ 보고타 Bogota 보고따   4,400만

□ 쿠바 Cuba 뀌바
   □ 아바나 Le Havane 라 아반느   1,100만

□ 페루 Pérou 뻬후
   □ 리마 Lima 리마   2,700만

관련 단어

□ monde [mɔ̃:d] 몽드 m 세계
□ pays [pei] 뻬이 m 나라
□ État [eta] 에따 m 국가
□ peuple [pœpl] 뾔쁠르 m 국민
□ population [pɔpylɑsjɔ̃] 뽀쀨라씨옹 f 인구
□ capitale [kapital] 까삐딸르 f 수도
□ ville [vil] 빌르 f 도시
□ village [vilɑːʒ] 빌라쥬 m 마을
□ pays natal [peinatal] 뻬이 나딸 m 고향
□ culture [kyltyːʀ] 뀔뛰흐 f 문화
□ État indépendant [eta ɛ̃depɑ̃dɑ̃] 에따 앵데빵당 m 독립국
□ république [ʀepyblik] 헤쀨블리끄 f 공화국
□ royaume [ʀwajoːm] 후아욤므 m 왕국
□ pays développé [pei dev(ə)lɔpe] 뻬이 데블로뻬 m 선진국
□ pays en développement [pei ɑ̃ vwa də dev(ə)lɔpmɑ̃]
뻬이 앙 데블로쁘망 m 개발도상국
□ pays sous-développés [pei sude[ɛ]vlɔpe] 뻬이 수-데블로뻬
m 후진국

연습문제 Exercices

1 다음 단어를 프랑스어 혹은 우리말로 고쳐 보세요.

a) 얼룩말 _____   코끼리 _____

     뱀 _____   호랑이 _____

     사슴 _____

b) 백조 _____   hirondelle _____

     독수리 _____   부엉이 _____

     grue _____

2 다음 그림과 단어를 연결해 보세요.

·   ·   ·   ·   ·

·   ·   ·   ·   ·

sauterelle   papillon   araignée   libellule   luciole

3 다음 보기에서 단어를 골라 빈칸에 써넣어 보세요.

a) crevette   carpe   saumon   thon   requin   baleine

b) raisin sec   fraise   pêche   noix   figue   cacahuète

c) bouton   feuille   graine   bambou   chêne   pin

d) violette   lotus   pissenlit   orchidée   tournesol

a) 참치 _____   새우 _____   연어 _____

잉어 _____ 상어 _____ 고래 _____

b) 호두 _____ 무화과 _____ 딸기 _____

복숭아 _____ 땅콩 _____ 건포도 _____

c) 잎 _____ 싹 _____ 씨앗 _____

떡갈나무 _____ 대나무 _____ 소나무 _____

d) 해바라기 _____ 민들레 _____ 제비꽃 _____

난초 _____ 연꽃 _____

4 다음 그림과 단어를 연결해 보세요.

carotte   piment   concombre   champignon   ail

5 다음 단어를 프랑스어 혹은 우리말로 고쳐 보세요.

a) 호수 _____ 언덕 _____

paroi _____ 숲 _____

rocher _____ 북쪽 _____

b) 눈 _____ nuage _____

하늘 _____ vent _____

얼음 _____   비 _____

c) 석유 _____   électricité _____

불 _____   빛 _____

eau _____   기체 _____

d) 회색 _____   jaune _____

갈색 _____   녹색 _____

couleur ivoire _____   couleur argent _____

e) 해 _____   terre _____

달 _____   보름달 _____

별 _____   galaxie _____

f) 섬 _____   육지 _____

désert _____   해협 _____

équateur _____   바다 _____

6 다음 빈칸에 알맞은 프랑스어를 써넣어 보세요.

a) 밖으로 나가자.   Sortons _____.

b) 집에서부터 역까지   _____ la maison _____ la gare

c) 바다 밑에서   _____ de mer

7 다음 빈칸에 알맞은 프랑스어 혹은 우리말을 써넣어 보세요.

a) être grand(e) 크다 ↔ _____ 작다

être clair(e) _____ ↔ _____ 어둡다

b) _____ 넓다 ↔ être étroit(e) _____

être heureux(se) 행복하다 ↔ _____ 괴롭다

c) _____ 깨끗하다 ↔ _____ 더럽다

être riche 부유하다 ↔ _____ 가난하다

8 다음을 우리말로 고쳐 보세요.

a) Thaïlande _____   Japon _____

Australie _____   Chine _____

Inde _____   Turquie _____

b) (les)États-Unis _____

Angleterre _____   Allemagne _____

Italie _____   France _____

Russie _____

c) monde _____   capitale _____

culture _____   peuple _____

pays _____   village _____

정답

1 a) zèbre éléphant serpent tigre cerf
b) cygne 제비 aigle hibou 학

2 거미 - araignée 잠자리 - libellule 나비 - papillon 메뚜기 - sauterelle
개똥벌레 - luciole

3 a) thon crevette saumon carpe requin baleine
b) noix figue fraise pêche cacahuète raisin sec
c) feuille bouton graine chêne bambou pin
d) tournesol pissenlit violette orchidée lotus

4 오이 - concombre 마늘 - ail 당근 - carotte 버섯 - champignon
고추 - piment

5 a) lac colline 절벽 forêt 바위 Nord
b) neige 구름 ciel 바람 glace pluie
c) pétrole 전기 feu lumière 물 gaz
d) gris 노란색 brun vert 상아색 은색
e) soleil 지구 lune pleine lune étoile 은하계
f) île terre ferme 사막 détroit 적도 mer

6 a) dehors b) de / à c) sous

7 a) être petit(e) 밝다 être sombre
b) être large 좁다 être peiné(e)
c) être propre être sale être pauvre

8 a) 태국 일본 호주 중국 인도 터키
b) 미국 영국 독일 이탈리아 프랑스 러시아
c) 세계 수도 문화 국민 나라 마을

Index

● Theme 9의 unit 17 **나라 이름·수도 이름 및 인구** 부분과 Dialogue 부분 등은
색인에서 제외하였습니다.

한글 색인

한글 색인

프랑스어 색인

한글 색인

표준어 찾아보기

ㄹ

ㅁ

한글 색인

프랑스어 색인

한글 색인

찾아보기 오사전

한글 색인

찾아보기 색인

한글 색인

포르투갈어 색인

한글 색인

프랑스어 색인

프랑스어 색인

프랑스어 색인

프랑스어 색인

c

찾아보기 색인

프랑스어 색인

g

h

i

j

m

337

n

o

찾아보기 색인

프랑스어 색인

s

인덱스 색인

찾아보기 편

347

t

알파벳 색인

프랑스어 색인

웹하드에서
mp3 파일 다운 받는 방법

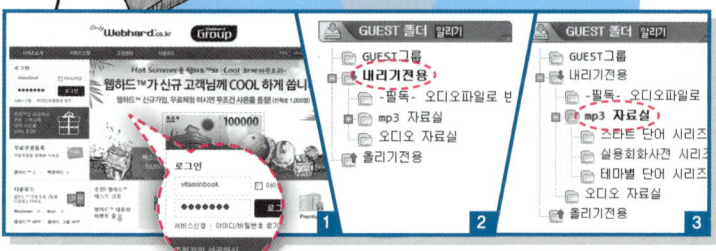

🔍 다운 방법

STEP 01	웹하드 (www.webhard.co.kr) 에 접속 아이디 (vitaminbook) 비밀번호 (vitamin) 로그인 클릭
STEP 02	내리기전용을 클릭
STEP 03	Mp3 자료실을 클릭
STEP 04	테마별 회화 프랑스 단어 2300 을 클릭하여 다운

한 번만 봐도 기억에 남는
테마별 회화 프랑스단어 2300

초판 9쇄 발행 | 2023년 5월 15일

엮은이 | 김이슬
감　수 | 이상빈
그린이 | 김만영, 최 혁
디자인 | 이재민
펴낸이 | 박영진
제　작 | 선경프린테크

펴낸곳 | Vitamin Book
등　록 | 제318-2004-00072호
주　소 | 07251 서울특별시 영등포구 영신로 40길 18 윤성빌딩 405호
전　화 | 02) 2677-1064
팩　스 | 02) 2677-1026
이메일 | vitaminbooks@naver.com
웹하드 | ID vitaminbook　PW vitamin

©2011 Vitamin Book

ISBN 978-89-92683-39-5 (13760)

웹하드에서
mp3 파일 다운 받는 방법

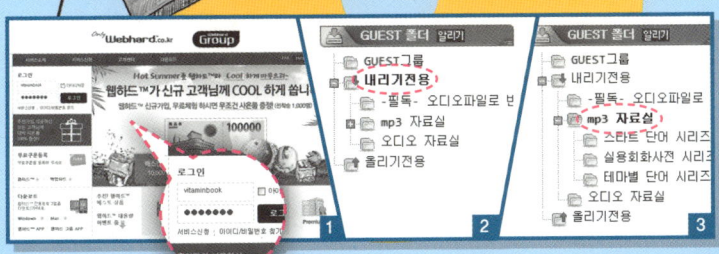

다운 방법

STEP 01
웹하드 (www.webhard.co.kr) 에 접속
아이디 (vitaminbook) 비밀번호 (vitamin) 로그인 클릭

STEP 02
내리기전용 클릭

STEP 03
Mp3 자료실 클릭

STEP 04
테마별 회화 프랑스단어 2300 클릭하여 다운